Rasoul Tanghatar

Stress

Centaurus Pocket Apps

Rasoul Tanghatar

Stress

Psychosomatisches Wohlbefinden erlangen

Centaurus Verlag & Media UG

Bibliografische Informationen der Deutschen Nationalbibliothek

Die Deutsche Nationalbibliothek verzeichnet diese Publikation in der Deutschen Nationalbibliografie; detaillierte bibliografische Daten sind im Internet über http://dnb.d-nb.de abrufbar.

ISBN 978-3-86226-147-5 ISBN 978-3-86226-842-9 (eBook)
DOI 10.1007/978-3-86226-842-9

ISSN 2193-1119

Gedruckt auf säurefreiem und chlorfrei gebleichtem Papier.

Umschlaggestaltung: Jasmin Morgenthaler, Visuelle Kommunikation
Satz: Vorlage des Autors

Inhalt:

Einführung

Die Stressbedingten psychosomatischen Beschwerden und Erkrankungen gehören zu den wichtigsten Prämissen für das Unbehagen der Menschen in den Kulturgesellschaften. Der negative Stress, der durch die kognitive und körperliche Überforderung entsteht, schadet nicht nur im hohen Maße die Produktivität der Volkswirtschaften, sondern noch viel wichtiger beeinträchtigt er sehr stark die zwischenmenschlichen Interaktionen und damit die Lebensqualität der Menschen in allen Kulturen und Gesellschaften. Diese Beeinträchtigungen sind dann die Auslöser und/oder Gründe für Missverständnisse, Kommunikationsstörungen, Gewalthandlungen in ihren unterschiedlichsten Formen, psychische und körperliche Beschwerden und verschiedene Erkrankungen bei den Individuen. Zu den stressbedingten Erkrankungen und psychosomatischen Beschwerden, darunter auch die erblich bedingten Krankheiten, die auch durch den Straß ausgelöst werden können, zählen unter anderem: Allgemeine Erschöpfung, chronische Müdigkeit, Hauterkrankungen, die Schwächung des Autoimmunsystems, Depressionen, Bipolare Störungen, Schlafstörungen, Burnout, Bluthochdruck, Hörsturz, Diabetes, Herz- und Kreislauferkrankungen-/Beschwerden, Allergien, Magendarmbeschwerden bzw. Magendarmerkrankungen, Demenz, Wahnvorstellung, Schizophrenie, Stoffwechselerkrankungen usw.

Da alle die o.g. Erkrankungen bzw. Krankheitssymptome auch durch andere Ursachen entstehen und/oder ausgelöst werden können und im Allgemeinen *nach der Auffassung des Autors* in der Schulmedizin die Ursachenforschung und die ganzheitlichen Behandlungsmethoden nicht immer die höchsten Prioritäten haben, werden demzufolge viele stressbedingte psychosomatische Beschwerden und Erkrankungen nicht gründlich bzw. ganzheitlich behandelt. Es bedeutet, dass sehr oft viele Stressoren nicht erkannt und daher die Therapieerfolge zum Teil oder ganz ausbleiben. Darüber hinaus werden einerseits durch das Fehlen der geeigneten Therapien und durch die Einnahme der unterschiedlichen Medikamente (und die Nebenwirkungen, die durch den Konsum von Medikamenten entstehen), die seelische und körperliche Gesundheit minder oder mehr stark beeinträchtigt und anderseits werden die Krankheitsursachen weiterhin unerkannt bleiben. Was kann man nun dagegen tun? Wie kann man mit dem Stress umgehen, dessen Ursachen und Auslöser beheben und aufarbeiten? Welche Möglichkeiten der Prävention und Intervention kämen in Frage, um die kognitiven und umweltbedingten Stressoren zu vermeiden bzw. sie zu reduzieren? Wie können die Arbeitgeber ihren Teil dazu beitragen, dass ihre Mitarbeiter weniger unter stressbedingten psychosomatischen Beschwerden leiden und/oder die Risikofaktoren diesbezüglich präventiv zu reduzieren. Und letztendlich wie kann man das Gefühl des Unbehagens, das durch die unterschiedlichen Stressoren hervorgerufen wird meiden und das Leben in allen seinen Schönheiten genießen? Diese und viele andere Fragen werden in diesem Buch behandelt und beantwortet.

Um langfristige Therapieerfolge bei der Behandlung der stressbedingten Beschwerden/Erkrankungen zu erzielen, muss man sich nicht nur mit den Ursachen des Stresses beschäftigen, sondern auch mit den verschiedenen Interventions- und Präventionsmaßnahmen. Es werden daher in diesem Buch einerseits die Ursachen des Stresses unter die Lupe genommen und erläutert und anderseits Wege und Methoden vorgeschlagen bzw. aufgezeigt, die sowohl präventiv als auch interventiv gegen die alltäglichen Stressoren (privat und/oder beruflich) und chronischen Stressbeschwerden wirksam sind. Die Zielgruppe des Buches sind an der ersten Stelle die Betroffenen, die unter Stressbeschwerden leiden, aber auch Psychologinnen/Psychologen, Therapeuten/Therapeutinnen und Mediziner, die die Patienten/Patientinnen mit psychosomatischen Stressbeschwerden behandeln. Darüber hinaus können auch Dozenten/Dozentinnen und Trainerinnen/Trainer, die Seminare und Fortbildungen zur Prävention und Intervention von Stress anbieten, dieses Buch nach Bedarf für Stressmanagement-Seminare oder Antistresskurse für Berufstätige und Privatpersonen als Haupt-, oder Basisliteratur verwenden. Dieses Buch ist ein Übersichtwerk, in dem sowohl die wichtigsten Ursachen als auch die unterschiedlichsten Methoden zur Prävention und Intervention des Stresses beschrieben und erläutert werden.

Kapitel 1

Drei wichtige Aspekte über Stress

In diesem Kapitel werden drei Faktoren, die aufgrund ihrer Bedeutung hinsichtlich der Funktion des Stresses auf unser pychosomatisches Wohlbefinden eine fundamentale Rolle spielen, erläutert. Im Kapitel zwei und drei werden die Ursachen des Stresses und Präventions- und Inerventionsmaßnahmen gegen die Stressoren erklärt und analysiert.

1.1. Stress und das psychosomatische Gleichgewicht!

Eine wichtige Voraussetzung für ein gesundes, glückliches und erfülltes Leben ist die Gewährleistung des psychosomatischen Gleichgewichts. Wenn wir uns wohl fühlen, mit unseren Leistungen zufrieden sind und nicht unter (permanenten) körperlichen und seelischen Belastung leiden, stehen der Körper und die Psyche in einer positiven gegenseitigen Beeinflussung bzw. Interdependenz zueinander. Eine Situation, die man als das psychosomatische Gleichgewicht bezeichnen kann. In einer Stresssituation ..obgleich die Auslöser durch äußere Reize oder kognitive Interpretationen entstehen ...werden im Körper die Hormone Adrenalin, Neoadrenalin und Cortisol freigesetzt, die dazu führen, dass das gesamte psychosomatische Gleichgewicht richtig aus den Fügen gerät. Da zuerst die Psyche die Stresssituation/die Stressoren als direkte oder indirekte Bedrohung wahrnimmt, sendet sie Alarmsignale. Nach dem Motto: es gibt eine Bedrohung, die durch Fliehen oder direkte Konfrontation abgewehrt werden muss, die letztendlich zur Ausschüttung der o.g. Hormone führt. Diese Hormone wiederum beeinträchtigen die Funktion der Verdauungsorgane, erhöhen die Herzschläge und Reaktionsfähigkeiten, erhöhen die Durchblutung der Muskulatur, sensibilisieren die gesamten autonomen Nervensysteme und führen letztlich dazu, dass wir unruhig werden, unregelmäßig atmen, angespannt und reizbar sind. Diese psychosomatische Notlage kann durch spätere Erholungsphasen kompensiert bzw. ausgeglichen werden. Dies setzt jedoch voraus, dass wir überhaupt in der Lage sind, uns zeitnah und/oder oft genüg richtig zu erholen oder zu entspannen. In den heutigen Kulturgesellschaften, in denen viele Menschen aus privaten und/oder beruflichen Gründen ständig unter dem enormen Leistungsdruck stehen, sind jedoch permanente Stresssituationen vorprogrammiert und damit die psychosomatischen Stressbeschwerden und Stresskrankheiten unvermeidbar. Wer nicht richtig funktionieren kann und nicht ständig zur Verfügung steht, wird aussortiert und ihm drohen soziale und finanzielle Einbußen. Dabei bleibt die seelische und körperliche Gesundheit der Individuen (völlig) auf der Strecke. Wer nicht bereit ist allen Anforderungen gerecht zu werden, wird ständig unter Druck gesetzt und da viele Menschen Angst vor dem sozialen und finanziellen Abstieg haben, erkranken und erleiden demzufolge viele Individuen an stressbedingten Erst- und Folgeerkrankungen wie Herzinfarkt, Schlaganfall, Bluthochdruck, Diabetes, Burnout, Depression, bipolare Störungen usw. Dabei sind die starken psychosozialen Beeinträchtigungen und Konflikte (die innerhalb und/oder außerhalb der Familien entstehen) die zu unterschiedlichen Formen der Gewalthandlungen wie etwa Mobbing, psychische Gewalt, Körperverletzungen, Totschlägen, Selbstmorden führen und *im Zusammenhang mit Stress* in vielen Statistiken nicht vorkommen, nicht zu unterschätzen. Daher sollte das Hauptziel jeder Stresstherapie oder jedes Anti-Stress-Konzeptes die Wiederherstellung des psychosomatischen Gleichgewichts sein, damit aus langer Sicht die körperliche und psychische Gesundheit gewährleistet und damit die Qualität des gesamtgesellschaftlichen

Zusammenlebens positiv beeinflusst, so dass die Menschen sich subjektiv glücklich, wohl und ausgeglichen fühlen.

1.2. Der chronische Stress!

Wenn die psychosomatischen Beschwerden des Stresses länger anhalten bzw. wenn die Symptome des Stresses sich manifestieren und/oder verselbstständigen, dann spricht man von „chronischem Stress“ Zu den speziellen Symptome des chronischen Stresses gehören unter anderem: Chronische Müdigkeit und Lustlosigkeit, Beeinträchtigung der Libido, Übersensibilität, bipolare Störungen, Depression, Reizbarkeit und Unruhe, Konzentrationsdefizite, Schlafstörungen, Verdauungsstörungen, Beeinträchtigung der Funktionen der Muskulatur und Kraftlosigkeit. Wer einige dieser Symptome (min. vier) bei sich feststellen kann, leidet *vermutlich* mehr oder weniger unter dem chronischen Stress. In diesem Fall wird ein Stresstest Klarheit verschaffen.

Der chronische Stress stellt nicht nur eine große Gefahr für die Volksgesundheit der modernen Kulturgesellschaften dar, sondern auch für das Bruttosozialprodukt dieser Länder. Der Schaden, der durch die Arbeitsausfälle und Folgeerkrankungen dieser Art von Stress entstehen, ist enorm. Der chronische Stress ist zwar sehr weit verbreitet, jedoch schwer mit Statistiken genau zu erfassen, da viele Betroffene *das gesamte Ausmaß* der Symptome/Beschwerden im Zusammenhang mit Stressoren sehr schwer erkennen und beschreiben können. Es kommt hinzu, dass viele Ärzte sich nur in ihren Fachgebieten gut auskennen und daher fachlich nicht kompetent sind, sich mit komplexen und unterschiedlichen psychosomatischen Beeinträchtigungen zu befassen. Eine bessere Kommunikation der Ärzte untereinander konnte die Therapieerfolge erheblich steigern, ist jedoch diese sehr schwer in die Praxis durchsetzbar, da die meisten Ärzte aus individuellen, organisatorischen und finanziellen Gründen wenig Zeit für die Diagnose und Therapie der Beschwerden/Erkrankungen einplanen und auch deshalb bleiben die kurz- und langfristigen Therapieerfolge eher gering.

1.3. Das emotionale Gedächtnis!

Unser Gehirn speichert die aufgenommenen Informationen …je nach Wichtigkeit, Bedeutung und emotionaler Intensität …im Kurz- und Langzeitgedächtnis (Abb. 1).

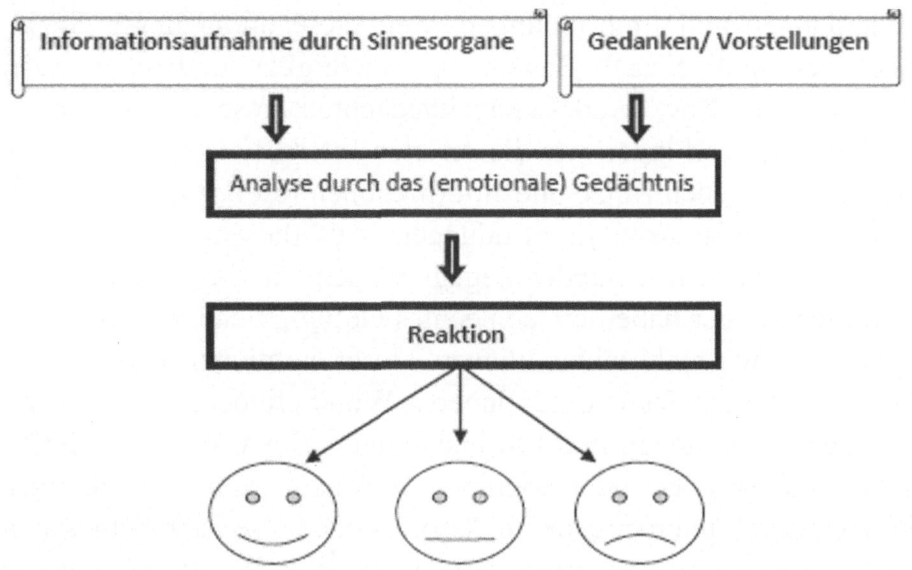

Abbildung 1: Unser emotionales Gedächtnis beeinflusst unsere Empfindungen, Reaktionen und Interaktionen sowohl im privaten als auch im beruflichen Kontext.

Wir sind in unserem Alltag unterschiedlichen Reizen unserer sozialen Umwelt ausgesetzt. Ob wir was essen oder trinken, ob wir Menschen begegnen und uns mit ihnen unterhalten, ob wir die

Wärme, die Kälte oder eine schöne Brise spüren, ob wir den Sonnenuntergang genießen oder uns von einem lauten Geräusch erschrecken, oder ob wir Objekte in unserer nahen oder fernen Umgebung wahrnehmen, in allen dieser Situationen verbinden wir diese aufgenommenen Informationen/Erlebnisse entweder mit positiven/angenehmen Empfindungen/Gefühlen oder mit unangenehmen/negativen oder gefühlsmäßig unbedeutenden Empfindungen/Emotionen. Diese alltäglichen Informationen, die subjektiv durch unsere Sinnesorgane wahrgenommen werden, haben einen großen Einfluss bezüglich unseren späteren Handlungen, Entscheidungen und Empfindungen, weil diese durch unser Gehirn analysiert und je nach Bedeutung, Wichtigkeit und emotionaler Intensität im Kurz- und Langzeitgedächtnis gespeichert werden. Demzufolge verbinden wir die meisten Interaktionserlebnisse und wahrgenommenen Reize und Informationen mit bestimmten Emotionen/Gefühlen bzw. Empfindungen. Aus diesem Grund freuen wir uns, wenn wir jemanden begegnen, den wir von früher kennen und mögen oder haben ein schlechtes Gefühl, wenn wir jemanden sehen, den wir nicht leiden können. Unser emotionales Gedächtnis beeinflusst permanent unser inneres Wohlbefinden, unsere Stimmungen, Handlungen und Entscheidungen. Sogar einzelne Geräusche, Wörter, Sätze oder kognitive Gedanken oder Vorstellungen können durch interdependente Assoziationen …je nach subjektiver und interner Analyse …positive oder negative Emotionen bei den Individuen auslösen. Da die negativen Emotionen wie Wut, Angst etc. Stressalarm im Körper auslösen und dadurch Stresshormone im Körper frei gesetzt werden, darf man bei der Beurteilung der Stressoren und Stresssituationen die Rolle des emotionalen Gedächtnisses nicht außer Acht lassen. Man muß versuchen *die Ursachen der Auslöser* der negativen Emotionen …soweit es möglich ist …heraus zu finden und darüber hinaus die Situationen und

Stressoren *so zu beurteilen*, dass diese bei uns keine negativen Emotionen auslösen. Um dieses Ziel zu erreichen, können z.B. die verschiedenen Methoden zur Prävention und Intervention des Stresses und der Stressoren, die im Kapitel 3 des Buches erläutert werden, angewendet werden.

Kapitel 2

Stress: Die Ursachen

Die Ursachen des Stresses sind sehr komplex und vielseitig. Es gibt eine ganze Reihe von Stressoren, die uns überfordern und negative Emotionen bei uns auslösen. Der wichtigste Schritt zur Bekämpfung und Reduzierung der Stressoren und das Herstellen des psychosomatischen Gleichgewichts ist, sich über die Ursachen und auslösenden Faktoren, die das psychosomatische Wohlbefinden beeinträchtigen Gedanken zu machen und sie zu identifizieren (Abb. 2).

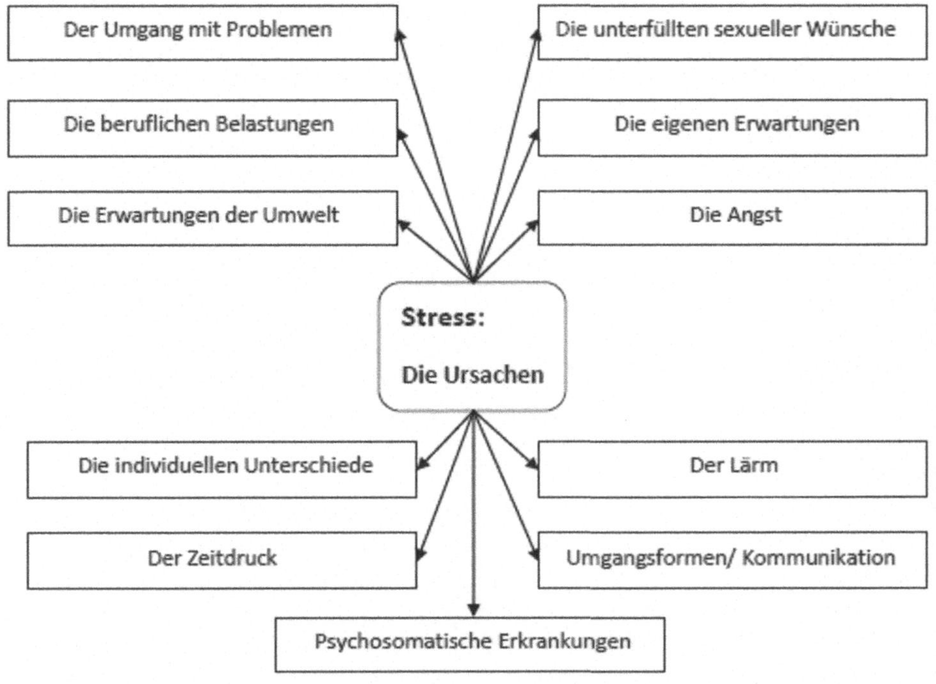

Abbildung 2: Die Ursachen des Stresses sind sehr vielseitig und komplex.

Da Menschen unter ganz unterschiedlichen psychosozialen, gesellschaftlichen, kulturellen und wirtschaftlichen Bedingungen/Hintergründen aufwachsen und leben, können demzufolge verschiedene Prämissen für Stress und damit für das Unbehagen der Individuen in den Kulturgesellschaften verantwortlich sein. Darüber hinaus muss man berücksichtigen, dass die Menschen aufgrund ihrer individuellen Sozialisationsinteraktionen und der angeborenen psychosomatischen Differenzen unterschiedlich auf die äußeren und inneren Reize reagieren und dementsprechend sich in ihren Kompetenzen im Umgang mit Stress sehr stark voneinander unterscheiden. Daher muss ein Antistresskonzept die individuellen Befindlichkeiten/Kompetenzen bezüglich des strategischen Umgangs mit dem Stress berücksichtigen. Das bedeutet, dass die gleichen Stressoren unterschiedlich stark auf die Menschen einwirken bzw. sie mit unterschiedlicher Intensität beeinträchtigen können: *Viele Antistresskonzepte erzielen deshalb keine optimalen Resultate, weil diese davon ausgehen, dass die meisten Menschen auf Interventions- und Präventionskonzepte gegen Stress gleich oder ähnlich reagieren.* Nichtsdestotrotz kann jeder mit der richtigen Ursachenanalyse die individuellen Faktoren ausfindig machen, die bei ihm Stress auslösen könnten. In diesem Kapitel werden die unterschiedlichsten Stressoren, die direkt oder indirekt Stresssymptome bei Individuen auslösen können, unter die Lupe genommen und ausführlich erklärt. Ziel ist diese zu evaluieren und anschließend Lösungsstrategien zur Reduzierung und Beseitigung der Stressfaktoren zu entwickeln. Daher werden im Kapitel drei die wichtigsten Präventions- und Interventionsmethoden im Umgang mit Stress und Stressoren aufgelistet und erläutert (mehr dazu im Kapitel 3).

2.1. Die Angst als Stressor!

Wenn wir uns aus unterschiedlichen Gründen und Anlässen bedroht oder gefährdet fühlen, werden im Körper Alarmsignale ausgelöst (Abb. 3).

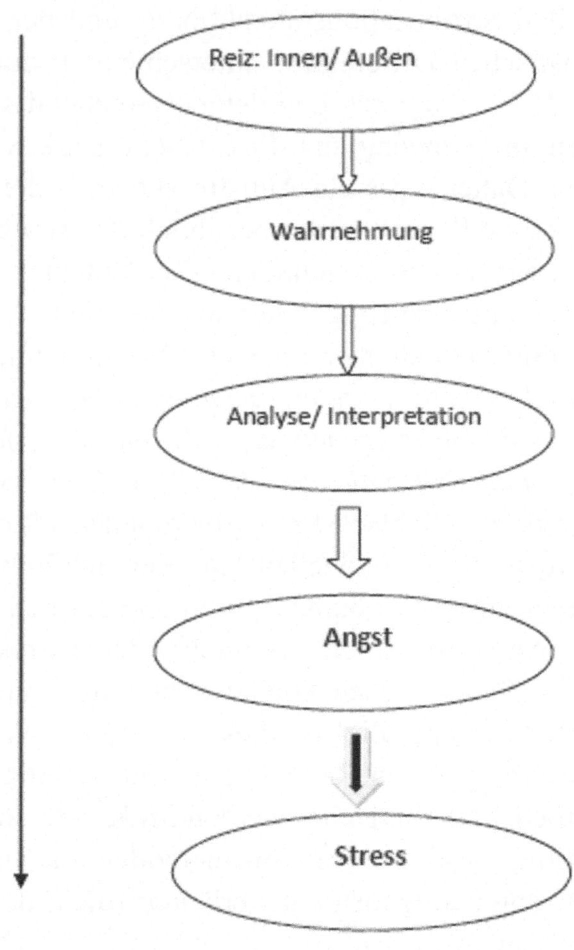

Abbildung 3: Wird die subjektive Interpretation einer Information als sehr bedrohlich (Kategorie Angst) empfunden, löst Stress Alarm im Körper aus.

Dies hat aus evolutionspsychologischer Sicht eine wichtige Funktion, nämlich uns vor Gefahren, zu warnen und zu schützen. Damit der Körper sich optimal für den Kampf oder für die Flucht vorbereitet kann, werden im Körper Stresshormone freigesetzt, mit dem Ziel, dass wir uns ganz schnell vor der Gefahrenquelle entfernen oder versuchen diese zu beseitigen. Dieser Mechanismus funktioniert auch dann, wenn keine realen Gefahrensituationen existieren und wir uns diese NUR einbilden bzw. ausschließlich kognitiv wahrnehmen. Die Erinnerungen und Gedanken an die möglichen Bedrohungen/Gefahren in der Gegenwart/Zukunft oder an die bereits erlebten bedrohlichen Situationen und Interaktionen aus der Vergangenheit können ebenfalls dazu führen, dass man sich gefährdet und bedroht fühlt und daher Stresshormone mit den bekannten Folgen im Körper ausgeschüttelt werden.

Zu den Prämissen, die bei Individuen Angst auslösen können, gehören unter anderem:

- ✓ Angst vor dem Versagen!
- ✓ Angst sich mit Situationen, Problemen, Menschen auseinander zu setzen!
- ✓ Angst verletzt zu werden (körperlich und/oder seelisch)!
- ✓ Angst abgewiesen zu werden!
- ✓ Angst verlassen zu werden!
- ✓ Angst vor Einsamkeit!
- ✓ Angst nicht und/oder falsch verstanden zu werden!

- ✓ Angst vor dem Liebesentzug!
- ✓ Angst vor finanziellen Verlusten bzw. vor wirtschaftlichem Abstieg!
- ✓ Angst vor Unbekanntem (Menschen, Situationen, Umgebungen)!
- ✓ Angst krank zu werden!
- ✓ Angst vor psychosomatischen Beschwerden!
- ✓ Angst vor Schmerzen!
- ✓ Angst vor der Zukunft (was passiert, wenn...?)!

2.2. Stress durch die psychosomatischen Beschwerden und Erkrankungen!

Die psychosomatischen Beschwerden/Erkrankungen, darunter die Schmerzen unterschiedlichster Art, Hauterkrankungen, Allergien, Bipolare Störungen, Depressionen, Herz- und Kreislauferkrankungen, Hörsturz und chronische Hörgeräusche, Verdauungsstörungen, chronische Kopfschmerzen, Übersensibilität des Nervensystems etc. können sowohl durch Stress verursachet werden als auch Stressbeschwerden-/Symptome selbst verursachen. Demzufolge darf man bei der Ursachenanalyse die körperlichen und psychischen Beschwerden bzw. Erkrankungen nicht außer Acht lassen. Es gilt die Kausalität hinsichtlich des Ursache-Wirkungs-Prinzips des Stresses unter Berücksichtigung der Interdependenz der psychosomatischen Aktivitäten zu klären.

2.3. Stress durch die eigenen Erwartungen!

Eine wichtige Ursache für das Entstehen des Stresses und der Stresssymptome ist die individuelle Einstellung bezüglich der eigenen Erwartungen. Manchmal sind die eigenen Erwartungen an sich so hoch gesetzt, dass das Auftreten der psychosomatischen Beeinträchtigungen durch Überforderungssymptome an die eigene Psyche und den eigenen Körper nur eine Frage der Zeit ist (Abb. 4).

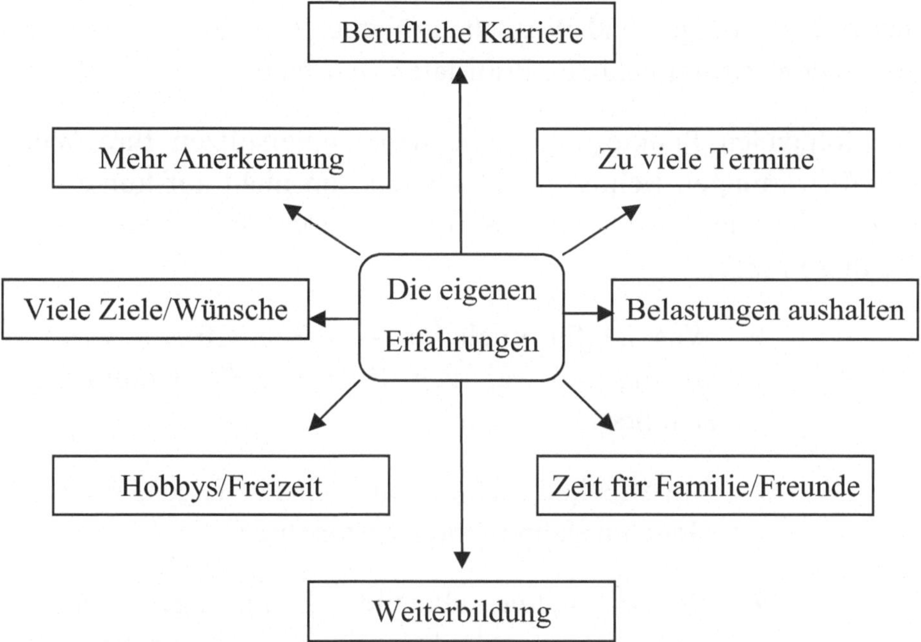

Abbildung 4: Die eigenen Erwartungen und Wünsche, obgleich bewusst oder unbewusst, können dazu führen, dass wir uns ständig überfordern.

Wir wollen unsere Lebensqualität ständig verbessern, wir wollen unsere gesellschaftlichen Verpflichtungen stets nachgehen, wir wollen allen gerecht werden und alles perfekt machen, wir wollen ein guter Familienvater/eine gute Mutter sein, jedoch trotzdem beruflich Karriere machen, wir wollen alle unsere Hobbys nachgehen und gleichzeitig viele berufliche und private Termine wahrnehmen und „nichts verpassen“. Wir vergessen jedoch, dass unser Körper und unsere Psyche evolutionsbedingt nicht in der Lage sind, auf längere Zeit „mit wenig Entspannung und Erholung“ auszukommen bzw., dass wir auf regelmäßige Erholungsphasen angewiesen sind. Die Wahrscheinlichkeit ist sehr hoch, dass wir früher oder später unter stressbedingten psychosomatischen Beschwerden leiden werden, wenn wir es nicht schaffen, uns über unsere Erwartungen und Wünsche gründlich Gedanken zu machen und in dem Zusammenhang Prioritäten zu setzen.

Die folgenden Punkte sollen Sie dabei unterstützen Ihre Wünsche/Erwartungen richtig zu selektieren, um nicht auf kurze oder langer Sicht unter Stressbeschwerden zu leiden. Bitte beantworten Sie diese Fragen:

- Was ist für mich kurz- oder langfristig *wirklich* wichtig und was nicht (hier eine Pro-Kontra Liste erstellen)?
- Auf was kann ich in den nächsten Tagen, Wochen, Monaten, Jahren vorerst verzichten?
- Machen meine aktuellen Erwartungen/Wünsche mich *wirklich* glücklich oder will ich nur damit den Anderen gefallen (privat und/oder beruflich)?
- Wie definiere ich für mich das Glück und den Sinn des Lebens?

- Bin ich zurzeit wirklich glücklich und zufrieden mit mir? Was macht mich wirklich glücklich und zufrieden?

- Wo sind meine Grenzen? Was schadet meinem psychosomatischen Wohlbefinden und was nicht?

Mit der Evaluation der o.g. Fragen sind Sie nun in der Lage sich wirklich dahingehend zu orientieren, was für Sie *individuell* wichtig/ notwendig bzw. sinnvoll ist und was nicht und welche Handlungen und Themen für Ihre zukünftigen Entscheidungen und Interaktionen in Frage kämen und welche nicht? Nicht vergessen: Hier geht *es nur um Sie und um Ihre psychosomatische Gesundheit.*

2.4. Stress durch die Erwartungen der sozialen Umwelt!

Die Erwartungen unserer sozialen Umwelt an uns haben einen enormen Einfluss auf unser Verhalten, unsere Art zu kommunizieren, unsere Entscheidungen und unser subjektives Wohlbefinden. Die Anforderungen der Arbeitswelt (dazu mehr im Abschnitt Stress durch die beruflichen Belastungen), der engeren Bezugspersonen (Familie, Freunde) und anderen Mitmenschen, können uns überfordern und Stressalarm in unserem Körper auslösen. Wer kennt das nicht: Unsere Familie, Freunde, Arbeitskollegen, Bekannte etc. erwarten von uns, dass wir unabhängig von unseren psychosomatischen Bedürfnissen und unserer emotionalen Stimmung stets perfekt funktionieren, ihren Ansprüchen gerecht werden und ihre Erwartungen erfüllen. Dabei vergisst man, dass es sehr oft unmöglich ist sowohl die eigenen Bedürfnisse als auch die Erwartungen und Wünsche der sozialen Umwelt zu erfüllen. Dies hat damit zutun, dass der Mensch im Grunde evolutionsbedingt und aufgrund des Überlebenstriebs egozentrisch ist und die Befriedigung der eigenen Wünsche/Bedürfnisse bei ihm unbewusst, teilbewusst oder bewusst die höchste Priorität hat. Mit anderen Worten, was einem Menschen *wirklich* glücklich macht, sind an erster Stelle die Befriedigung seiner (spontanen) Bedürfnisse und das Erfüllen seiner individuellen Wünsche. Diese Tatsache wird gerne in den modernen Kulturgesellschaften außer Acht gelassen und tabuisiert. Viele Religionen und Weltanschauungen betrachten die Menschen als höhere Wesen, die in der Lage sind durch das Einhalten der vorgeschriebenen Gebote und Verbote in das Paradies zu gelangen oder bei Wiedergeburt eine bessere Voraussetzung für ein glücklicheres und neues Leben zu haben. Bei den meisten Religionen/Weltanschauungen wird einerseits der Verzicht bzw. das Aufopfern der eigenen □triebgesteuerten bzw. tierischen Bedürfnisse und Wünsche□ propagiert und anderseits das Erfüllen der jeweiligen Gebote als Grundvoraussetzung für ein besseres Leben nach dem Tod in Betracht gezogen. Diese Erwartungen, Gebote und Verbote stehen jedoch im Widerspruch zu der menschlichen Natur und *können* als eine wichtige Ursache für das Unbehagen der Kulturmenschen in allen (modernen) Zivilisationen und Kulturgesellschaften in Frage kommen.

2.5. Stress durch die Umgangsformen und zwischenmenschlichen Interaktionen!

In unseren alltäglichen Begegnungen stehen wir unter ständigen Interaktionen mit der sozialen Umwelt. Wir beeinflussen das Verhalten unserer Mitmenschen und werden ebenfalls von ihnen hinsichtlich unserer Handlungen, Reaktionen und Entscheidungen permanent beeinflusst. Dabei spielen die Umgangsformen im Zusammenhang mit unserem psychosomatischen Wohlbefinden und mit unserem Unbehagen in der Kulturgesellschaft eine entscheidende Rolle. Mit anderen Worten unterstützen die guten Umgangsformen bei den Interaktionen mit der sozialen Umwelt unsere seelische und körperliche Gesundheit. Genauso beinträchtigen die schlechten Umgangsformen unser Wohlbefinden und wirken negativ auf unser psychosomatisches Gleichgewicht (Abb. 5).

Abbildung 5: Die unangemessenen/schlechten Umgangsformen und Interaktionen lösen nicht nur bei den einzelnen Individuen Stress und das Gefühl von Unbehagen aus, sondern beeinträchtigen auch das emotionale Empfinden der anderen Individuen und stellen damit ein gesamtgesellschaftliches Problem dar.

Wenn wir uns öfter aufgrund des schlechten Benehmens, respektlosen und rücksichtslosen Umgangs und unhöflichen und unfreundlichen Verhaltens unserer Mitmenschen (Familienangehörigen, Freunden, Arbeitskollegen, Nachbarn, Verkäufer im Geschäft, Radfahrer, Autofahrer, Fußgänger etc.) uns gegenüber aufregen und ärgern, werden im Körper die Stresshormone freigesetzt, die wiederum nicht nur unserer Gesundheit schaden, sondern auch unsere Lebensqualität und unsere subjektive Wahrnehmung bezüglich des Glücksempfindens und der Lebensfreude stark beeinträchtigen. Wir fühlen uns daher manchmal nach situationsbedingten alltäglichen Interaktionen mit unseren Mitmenschen unglücklich, hilflos und unzufrieden. Und die Wahrnehmung dieser negativen und subjektiven Empfindungen wiederum wirkt negativ auf unsere nächsten Interaktionen mit unserer sozialen Umwelt. Es bedeutet, dass unsere negativen Emotionen, die zuerst durch die Kommunikationssignale/Kommunikationsformen bzw. Umgangsformen unserer Mitmenschen entstanden sind und auf unser psychosomatisches Wohlbefinden negativ gewirkt haben, beeinflussen unsere weiteren Interaktionen/Umgangsformen unseren Mitmenschen gegenüber und nicht nur unser subjektiv emotionales Empfinden. Anderes ausgedruckt, jemand der uns gegenüber respektlos, rücksichtslos, unhöflich und unfreundlich ist, schadet nicht nur unserem psychosomatischen Wohlbefinden, sondern auch höchstwahrscheinlich dem von unseren späteren Interaktionspartnern, die wir schon kennen oder zufällig begegnen. Diese Rückmeldungen von Bezugspersonen kommen Ihnen vielleicht bekannt vor:

- ✓ Was ist los? Warum hast du schlechte Laune?
- ✓ Warum bist du heute so schlecht drauf?
- ✓ Warum bist du so aufgeregt? Was ist los?
- ✓ Warum schaust du mich so an?
- ✓ Du bist heute irgendwie anders!
- ✓ Deine Laune ist heute so unerträglich□ !

- ✓ Geht es dir gut? Alles OK?
- ✓ Du bist aber heute so komisch drauf□ !
- ✓ Warum bist du so gemein zu mir? Was habe ich dir angetan?
- ✓ Wegen deiner schlechten Laune, habe ich auch schlechte Laune!
- ✓ Du bist heute ungenießbar!

Im Allgemeinen *können* folgende Verhaltensformen bzw. Kommunikationssignale …je nach Situation und Intensität …bei uns negative Emotionen bzw. Stress auslösen, wenn unser Interaktionspartner sich uns gegenüber wie folgt verhält:

- ➢ Unfreundlich und/oder unhöflich ist (verbal, paraverbal, Körpersprache)!
- ➢ Angespannt und aggressiv ist (verbal, paraverbal, Körpersprache)!
- ➢ Sich arrogant verhält!
- ➢ Unsere Intimsphäre verletzt!
- ➢ So verhält, so dass wir das Gefühl haben, dass er uns absichtlich oder ungewollt ignoriert!
- ➢ So verhält, so dass wir den Eindruck gewinnen, dass er uns aufgrund unseres Alters, Geschlechts oder unserer Weltanschauung/Lebenseinstellung oder Herkunft/□Rasse□missachtet oder/und diskriminiert!

- Unsere persönlichen Bedürfnisse ignoriert!
- Unsere Rechte missachtet bzw. nicht berücksichtigt!

2.6. Stress durch die unerfüllten sexuellen Wünsche/ Bedürfnisse!

Die Sexualität spielt sowohl bim Abbau als auch bei der Entstehung des Stresses eine entscheidende Rolle. Das Sexualleben entscheidet maßgeblich über die subjektive Wahrnehmung des Glücks und des Unbehagens vieler Individuen in allen Kulturgesellschaften (Abb. 6).

Abbildung 6: Unser Sexualleben kann unsere Lebensqualität beeinträchtigen.

Sexuelle Frustrationen und die unerfüllten sexuellen Wünsche/Bedürfnisse stärken und verursachen im Allgemeinen das Gefühl von Unbehagen in den Kulturgesellschaften. Die Unterdrückung und Verdrängung der sexuellen Bedürfnisse/Wünsche, obgleich wir in einer Partnerschaft leben oder nicht, obgleich wir regelmäßig sexuell aktiv sind oder nicht, sind wichtige Stressfaktoren, die neben den typischen Stresssymptomen auch die Auslöser für unterschiedliche Beeinträchtigung hinsichtlich unserer Lebensqualität insgesamt sind. Wir lernen im Verlauf unserer Sozialisation unsere spontanen und echten Bedürfnisse, Emotionen und Gedanken zu unterdrucken/verdrängen, zu verschieben, zu sublimieren und zu kanalisieren, weil sie unpassend, unmoralisch und/oder aus anderen Gründen ..aus kurzer und/oder langer Sicht ..nicht zu erfüllen sind. Es ist leider jedoch nicht möglich ohne Verzicht, Verschiebung, Kompensierung, Unterdrückung und Verdrängung der sexuellen Wünsche den Fortbestand und die Entwicklung der Kulturgesellschaften zu gewährleisten. Wir verdanken vielen kulturellen Errungenschaften und Entdeckungen dem Verzicht, der Unterdrückung, der Verdrängung, der Verschiebung und der Sublimierung der sexuellen Wünsche und Bedürfnisse.

Da die sexuellen Bedürfnisse in ihren ursprünglichen unterschiedlichen Formen auf die sofortige Befriedigung ausgerichtet sind, können immer wieder in den Kulturgesellschaften Stresssituationen entstehen, die uns überfordern und unsere psychosomatische Gesundheit beeinträchtigen. Dies ist der Preis des Fortschritts, der kulturellen Errungenschaften, des Wohlstandes und des gesellschaftlichen Friedens.

2.7. Stress durch Lärm!

Zu viel Lärm macht krank. Diese Tatsache wurde inzwischen in vielen Untersuchungen und Statistiken belegt und bewiesen. Der Lärm kann nicht nur situationsbedingt Stressbeschwerden auslösen, sondern auch dazu beitragen, dass eine gewisse □Sensibilität□ sowohl hinsichtlich des allgemeinen Umweltlärms als auch bestimmter Geräusche bei den Betroffenen verursacht und manifestiert wird, so dass sie dann unter chronischen Stressbeschwerden leiden. Dies kann man damit begründen, dass das emotionale Gedächtnis auch bei bestimmten Geräuschen ..die gewisse Ähnlichkeiten, mit den ursprünglichen Lärmquellen haben ..sehr empfindlich reagiert und Stressalarm im Körper auslöst. Ein wichtiger Grund könnte darin liegen, dass der Mensch aus evolutionspsychologischer Sicht unangenehme, ungewöhnliche und starke Geräusche als eine Gefährdung und Bedrohung wahrnimmt und deshalb zum Schutz des Individuums Stressalarm im Körper ausgelöst wird. Aus diesem Grund werden Stresshormone darunter Adrenalin und Cortisol in die Blutbahn ausgeschüttelt, damit das Individuum gegen die Gefahren, die die eigene Gesundheit gefährden könnten, schnell und angemessen reagieren kann: In diesem Fall eigentlich entweder fliehen oder kämpfen bzw. sich verteidigen. Da der Körper sich nach einer Stresssituation ausruhen muss, um das psychosomatische Gleichgewicht wiederherzustellen, können *gelegentliche Stressoren* der Gesundheit des Individuums nicht schaden, wenn die Erholungsphasen geplant oder spontan eingehalten werden. Dies ist jedoch bei vielen Fällen bzw. Situationen nicht der Fall. Einerseits hat man nicht immer die Möglichkeit sich sofort von den Lärmquellen zu entfernen und anderseits können Menschen, die Lärm öfter ertragen müssen durch unangenehme Geräusche überfordert werden. Und weil der Körper und die

Psyche sehr oft überstrapaziert werden, entstehen psychosomatischen Beschwerden und Krankheiten. Anders ausgedrückt, in diesen Situationen hat der Körper *nicht genug Zeit und Ruhe* sich abzureagieren bzw. zu erholen und eine geregelte und störungsfreie Funktion der Körperorgane zu gewährleisten. So fühlen sich die Betroffenen in diesen Situationen, unruhig, überempfindlich, angespannt, nervös und unglücklich. Zu den wichtigsten Lärmquellen als Stressoren zählen unter anderem:

- Lärm innerhalb der eigenen Familie oder Wohngemeinschaft!
- Lärm durch Nachbar (laute Musik etc.)!
- Fluglärm!
- Lärm durch das öffentliche Verkehrsmittel!
- Straßenlärm!
- Lärm durch Arbeitsbedingungen (Lärm durch berufliche Tätigkeiten)!
- Unangenehme Geräusche!

2.8. Stress durch die beruflichen Belastungen!

Arbeit gehört zu den wichtigsten Lebensgrundlagen der Individuen und demzufolge sind die meisten Menschen auf berufliche Tätigkeiten angewiesen (Abb. 7).

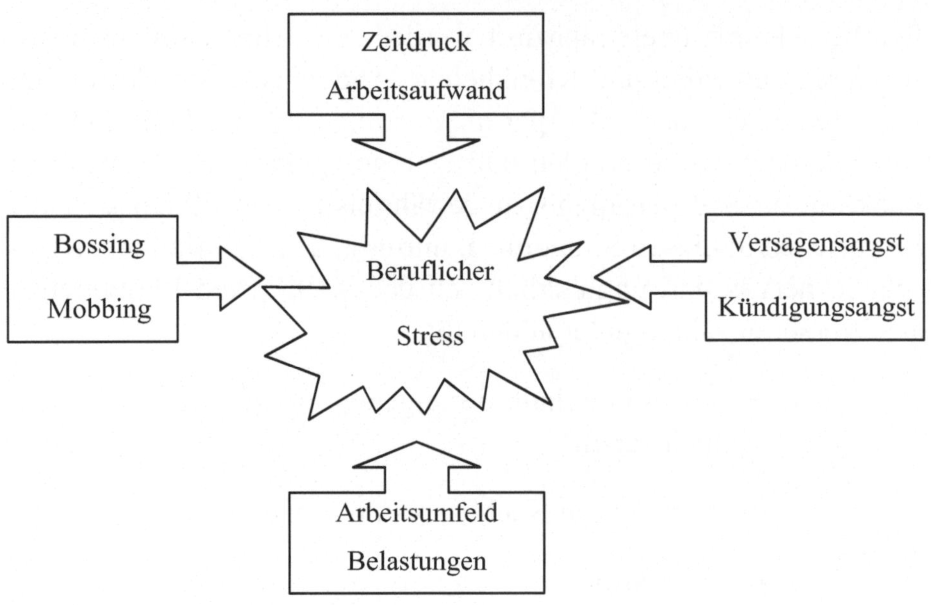

Abbildung 7: Die Überforderung durch den Beruf ist ein wichtiger Stressfaktor, der die psychosomatische Gesundheit vieler Individuen beeinträchtigt.

Die Arbeitsstrukturen, die beruflichen Anforderungen und die Unwissenheit und Inkompetenz der Vorgesetzten im Umgang mit ihren Mitarbeitern sind dafür verantwortlich, dass viele Menschen auf der Arbeit Stresssituationen ausgesetzt sind, die sie überfordern und krank machen: Born out, Depressionen, chronische Rückenschmerzen, Beeinträchtigung der Libido, Schlafstörungen, Tinitus, bipolare Störungen, Herz- und Kreislauf Erkrankungen und Bluthochdruck sind einige Beispiele für stressbedingte Krankheiten und Beschwerden, die durch ungünstige Arbeitsbedingungen entstehen. Da viele Menschen vor allem aus finanziellen Gründen auf ihre Arbeitsstelle angewiesen sind, gehören die berufsbedingten Stressoren zu den wichtigsten Ursachen für das Unbehagen der Menschen in allen Kulturgesellschaften.

Zu den wichtigsten arbeitsbedingten Stressfaktoren gehören unter anderem:

- Die Kompetenzdefizite bzw. die Inkompetenz der Vorgesetzten in Umgang mit Mitarbeiten (Kommunikationsformen, Organisationsmanagement, Delegieren, Aufgabenverteilung etc.)
- Die subjektive Wahrnehmung, Verarbeitung und Interpretation der aufgenommenen Informationen, sowohl von Vorgesetzten als auch von Mitarbeitern
- Mobbing durch die Vorgesetzten (Bossing)
- Mobbing durch die Arbeitskollegen
- Die allgemeinen Arbeitsbedingungen

Es kommen noch andere Faktoren hinzu, die zusätzlich die psychosomatischen Beeinträchtigungen, die durch die beruflichen Tätigkeiten entstehen, stärken können. Es sind die ungünstigen privaten Rahmenbedingungen wie z.B. die Armut, Einsamkeit, Motivationsdefizite, Zukunftsängste, schlechte Lebensplanung und das unbefriedigte Sexualleben.

2.9. Stress durch Zeitdruck!

Kommen diese Sätze Ihnen bekannt vor: Ich habe keine Zeit! Ich muss mich wirklich beeilen! Ich stehe unter Zeitdruck! Ich weiß es nicht, wie ich alles in so kurzer Zeit schaffen soll! Ich habe so viele Termine! Ich muss noch viele Sachen erledigen! Ich habe so wenig Zeit und soviel zu tun, ich drehe langsam durch...!

Die privaten und beruflichen Herausforderungen (die eigenen Erwartungen/Wünsche und die der sozialen Umwelt) der modernen Kulturgesellschaften können Ihren Teil dazu beitragen, dass viele Menschen ständig unter Zeitdruck stehen und damit den Stresssituationen ausgesetzt sind. Wenn wir unter Zeitdruck stehen und unser Bewegungs- und Arbeitstempo steigern müssen, wenn wir von einem Termin zum anderen hetzen und wenn wir aufgrund des Zeitmangels einige Aufgaben gleichzeitig bewältigen müssen, dann sind wir auf dem besten Wege uns zu überfordern und unserer psychosomatischen Gesundheit zu schaden. Der Zeitdruck gehört zu den wichtigsten stressfördernden Ursachen, die sowohl durch die Arbeitsbedingungen als auch durch die privaten Anforderungen entstehen.

Der permanente Zeitdruck kann auf längere Zeit zu chronischen Stressbeschwerden führen und nicht nur die Lebensqualität der Betroffenen, sondern auch ihre Arbeitsleistung stark beeinträchtigen.

2.10. Stress und die individuellen Unterschiede!

Die Menschen reagieren nicht nur in bestimmten Stresssituationen sehr unterschiedlich, sondern sie nehmen auch die Stressoren mit unterschiedlichen Intensitäten wahr. Einige Ursachen, die dieses Verhalten begründen, wurden bereits in den letzten Abschnitten thematisiert. Die individuellen Unterschiede bezüglich der frühkindlichen Sozialisation und der Erlebnisse während der Schwangerschaft und der Geburt tragen auch ihren Teil dazu bei, dass Menschen aufgrund ihrer psychosomatischen Sensibilität und/oder psychologischer Bodenbeschaffenheit auf die unterschiedlichen Stressoren der sozialen Umwelt (Reize von außen) individuell empfindlicher reagieren, Sie sind daher zugänglicher für die chronischen Stressbeschwerden bzw. stressbedingten Erkrankungen.

Zu diesen persönlichen Unterschieden gehören auch die traumatischen Erlebnisse, die bereits verdrängt und von □Bewusstsein□in der Regel nicht erfasst werden können. Die negativen Emotionen, die ursprünglich bei traumatischen Erlebnissen in der Vergangenheit entstanden sind, können jedoch wieder durch die Assoziation von wahrgenommenen Informationen und kognitiven Gedanken/Vorstellungen mehr oder weniger ins Bewusstsein gelangen und unsere Stimmung und unser subjektives Empfinden negativ beeinträchtigen. Wir fühlen uns dann in diesen Situationen unwohl, sehr angespannt, ängstlich und/oder wütend, ohne irgendeinen wichtigen Grund dafür verantwortlich machen zu können.

2.11. Stress und der persönliche Umgang mit Problemen!

Die Art des persönlichen Umgangs mit beruflichen und individuellen Herausforderungen und zu bewältigenden Aufgaben und Problemen sind eine wichtige Ursache für die Entstehung der Stressoren und die damit verbundenen Beschwerden. Wenn die Betroffenen die Stresssituationen und Stressoren als solche nicht wahrnehmen bzw. interpretieren oder wenn sie diese ständig verharmlosen und ignorieren, dann stehen die Chancen sehr günstig, dass die Stressbeschwerden sich manifestieren. Dies kann auch dann geschehen, wenn man die Stresssituationen und Stressoren als solche wahrnimmt, jedoch diese als □normal□ und □selbstverständlich□ akzeptiert und dagegen nichts unternimmt. Viele Menschen fühlen sich den Stressoren ausgeliefert und schauen unbeteiligt zu, wie der Stress ihrer psychosomatischen Gesundheit Schaden zufügt und ihre Lebensqualität stark beeinträchtigt. Dies ist genau der falsche Weg, da die Ursachen des Stresses nicht verarbeitet und beseitigt werden und die Gefahr, dass die Stressbeschwerden chronisch werden, rapide steigt.

Kapitel 3

Stress: Prävention, Intervention, das innere Wohlbefinden und Glück

In Kapitel 2 wurden die unterschiedlichen Ursachen, die den Stress fördern bzw. verursachen beschrieben und erläutert. In diesem Kapitel werden verschiedene Methoden vorgeschlagen, die präventiv und interventiv gegen die Stressbeschwerden und Stressoren wirken. Für die gründlichen und langfristigen Erfolge bezüglich der Behebung und Reduzierung der Stressoren spielen demzufolge neben der Ursachenanalyse, Präventions- und Interventionsmethoden eine fundamentale Rolle (Abb. 8).

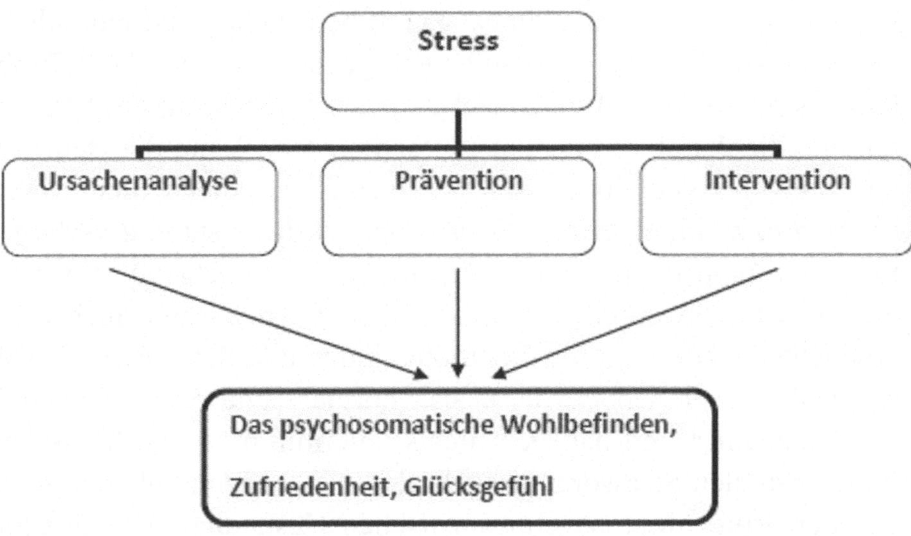

Abbildung 8: Um langfristige Erfolge gegen die Stressoren zu erzielen, muss man verschiedene Präventions- und Interventionsmetoden in Betracht ziehen.

Diese Methoden können je nach Situation, Bedarf und Intensität der Stressbeschwerden im Einzelnen oder in Kombination mit anderen Methoden praktiziert werden. Da die chronischen Stressbeschwerden in der Regel nicht durch eine einzige Ursache entstehen und sowohl die Diagnose als auch die Behebung der Symptome/Beschwerden sehr komplex und zeitaufwendig sind, wird in diesem Kapitel empfohlen, parallel zur Ausübung der verschiedenen Methoden auch *nach Bedarf und persönlicher Feststellung,* insbesondere bezüglich der schweren körperlichen Beschwerden, professionelle Unterstützung in Anspruch zu nehmen. Bei leichten oder situationsbedingten psychosomatischen Beschwerden, die ausschließlich durch die sozialbedingten und/oder kognitiven Stressoren ausgelöst werden, kann dies allerdings eher ausgeschlossen werden.

3.1. Die Stressoren reduzieren!

Es gibt viele Faktoren und Situationen, die bei den Menschen Stress auslösen können. Hier muss man sich einen Überblick verschaffen um festzustellen, welche Aufgaben, Tätigkeiten, Handlungen, Situationen, Gedanken und Vorstellungen, Termine und Begegnungen als Stressoren fungieren und welche nicht. Anders ausgedrückt, wir müssen bei dieser Methode uns einen Übersicht darüber verschaffen, worüber wir uns aufregen oder was uns überfordert und was nicht. Um dieses Vorhaben optimal umzusetzen, müssen wir schrittweise vorgehen. Der erste Schritt wäre, sich eine Auflistung aller internen und externen Faktoren, die bei uns negative Emotionen auslösen und damit unsere psychosomatische Gesundheit gefährden, zu erstellen. Der nächste Schritt wäre dann sich von unnötigen und belastenden Stressoren zu verabschieden oder diese so zu bearbeiten und/oder zu verändern, dass diese nicht mehr negative Emotionen bei uns auslösen bzw. uns nicht mehr überfordern. Um diesbezüglich die richtigen Entscheidungen zu treffen, wäre die Anwendung einer Pro-Kontra-Liste hilfreich. Auf diese Liste kommen auf eine Seite die positiven Emotionen, die mit einem vermutlichen Stressor bzw. einer möglichen Stresssituation verbunden sind und auf die andere Seite die negativen psychosomatischen Empfindungen und Emotionen. So hat man die Möglichkeit sich einen Überblick über die Stressoren und deren Auswirkungen auf unser individuelles Wohlbefinden zu verschaffen und damit die negativen Stressoren zu reduzieren. Da manchmal aus privaten und beruflichen Gründen es nicht einfach ist, die richtigen Entscheidungen zu treffen oder die Stressoren auszuschalten, kann man auch die Möglichkeiten der Veränderung/Bearbeitung bzw. der positiven Einflussnahme auf Stressfaktoren in Betracht ziehen. Hier einige Beispiele hinsichtlich der Reduktion der Stressoren, falls man diese nicht beheben oder verändern kann:

- Wenn Ihre Arbeit aus unterschiedlichen Gründen Sie stark überfordert und Sie diese Situation nicht ändern können, dann wäre eine neue Arbeitsstelle eine gute Option, um einen wichtigen Stressfaktor zu reduzieren.

- Wenn Sie auf der Arbeit von Ihren Vorgesetzten oder Arbeitskollegen gemobbt werden und Ihre psychosomatische Gesundheit deshalb stark beeinträchtigt wird und falls die anderen Interventionsmaßnahmen um die Situation zu ändern fehlschlagen, käme nur eine Kündigung oder eine neue Arbeitsstelle als die beste Lösung in Frage.

- Leiden Sie unter Lärmbelästigung Ihres unbelehrbaren Nachbarn und alle Versuche, um den Nachbarn zu Recht zu weisen, sind gescheitert? Dann wäre hier der Umzug vielleicht die beste Alternative.

- Sie sind mit Ihrem Partner unglücklich und es gibt ständig Streit? Sie haben alles versucht, um die Situation zu ändern, jedoch ohne Erfolg? Wie wäre es, wenn Sie sich von Ihrem Partner trennen, bevor Ihre Gesundheit noch stärker darunter leidet?

Es ist nicht immer einfach die richtige Entscheidung bezüglich der Behebung/Reduktion der Stressoren, die sowohl emotional als auch finanziell in unserem Leben eine wichtige Rolle spielen, zu treffen. Jeder muss mit Hilfe der Pro-Kontra-Liste gut abwägen, wie intensiv ein Stressor ihn belastet und warum man sich weiterhin *für oder gegen* einen Stressfaktor entscheidet.

3.2. Die eigenen Erwartungen und die Erwartungen der sozialen Umwelt in Frage stellen!

Im zweiten Kapitel des Buches wurde die Problematik der eigenen Erwartungen und die der sozialen Umwelt hinsichtlich der psychosomatischen Beeinträchtigungen unter die Luppe genommen und erläutert. Um diese negativen Auswirkungen zu reduzieren und zu vermeiden, muss man sich darüber Gedanken machen, ob die eigenen Erwartungen und die Erwartungen der sozialen Umgebung angemessen und gerechtfertigt sind. Hierbei muss man sich folgende Fragen stellen und diese beantworten:

- Was will ich privat und/oder beruflich erreichen?

- Welche Erwartungen (privat, beruflich) habe ich von mir und warum?

- Machen diese Anforderungen bzw. Erwartungen mich wirklich glücklich und zufrieden oder möchte ich dadurch anderen nur gefallen oder ihnen gerecht werden?
- Auf welche eigenen Erwartungen kann ich kurz- und/oder langfristig verzichten?
- Welche eigenen Erwartungen überfordern mich?
- Welche eigenen Erwartungen schaden meiner Gesundheit und/oder machen mich unglücklich?
- Welche Erwartungen habt meine soziale Umwelt von mir und warum?
- Sind die Erwartungen der sozialen Umwelt an mich gerechtfertigt?
- Kann ich diese Erwartungen erfüllen? Warum soll ich diese Erwartungen erfüllen?
- Will ich überhaupt diesen Erwartungen gerecht werden?
- Welche Erwartungen der sozialen Umwelt möchte/ will ich nicht erfüllen?
- Macht das Erfüllen der Wünsche der sozialen Umwelt mich glücklich? Warum ja (welche?) oder warum nein (welche?)?
- Wie kann ich die soziale Umwelt so beeinflussen, damit ihre Erwartungen mich nicht stark überfordern?

- Wie kann ich auf die Erwartungen der sozialen Umgebung reagieren, so dass mein psychosomatisches Wohlbefinden nicht beeinträchtigt wird?

Mit der Auswertung der o.g. Fragen sind Sie in der Lage sich eine Übersicht über die Stressoren, die durch Ihre eigenen Anforderungen/Erwartungen und die Ihrer sozialen Umwelt entstehen, zu verschaffen. Nun können Sie sich von Ihren eigenen Erwartungen, die Sie überfordern und kurz- und langfristig Stressreaktionen bei Ihnen auslösen, trennen. Auch bezüglich der Erwartungen der sozialen Umwelt, die bei Ihnen ein Gefühl von Unbehagen auslösen, können Sie nach der Evaluation der Fragen die richtigen Entscheidungen treffen und die angemessenen Akzente setzen. Die eigenen Erwatungen an sich und die Anforderungen und Erwartungen der sozialen Umwelt an die Individuen, ob privat und/oder beruflich gehören zu den wichtigsten Stressoren in allen Kulturgesellschaften.

3.3. Die psychosomatischen Beschwerden/Erkrankungen behandeln bzw. beheben!

Wenn wir unter psychosomatischen Beschwerden und Erkrankungen wie Bluthochdruck, Herzrhythmusstörungen, chronischen Schlafstörungen, Angstneurosen und Panikattacken, chronischen Schlafstörungen und chronischen Allergien, Ohrgeräuschen usw. leiden, sind wir im Allgemeinen anfälliger für Stressoren und Stressbeschwerden. Daher muss man parallel zu den Präventions- und Interventionsmethoden in diesem Buch auch diese Beschwerden/Erkrankungen, die eine Gefährdung für unsere psychosomatische Gesundheit darstellen in Betracht ziehen und deren Behandlungen bzw. Therapien nicht außer Acht lassen.

3.4. Reden Sie mit vertrauten Personen darüber, was Ihnen durch den Kopf geht!

Eine gute Methode zum Stressabbau ist es über den Stress und dessen Auslöser mit jemandem zu reden. Das Sprechen über die eigenen Empfindungen und Emotionen mit den anvertrauten Personen, die in der Lage sind, Ihnen gut zuzuhören, kann dazu beizutragen, dass die angestauten negativen Emotionen und affektgeladenen Gedanken mehr oder weniger abgebaut werden. Dies geschieht, weil die Wörter verbunden mit Gefühlen bzw. Emotionen werden und deshalb können durch das Sprechen die negativen und gesundheitsschädlichen Hormone abgebaut werden. Wir fühlen uns daher nach einem persönlichen Gespräch mit einer uns vertrauten Person deutlich wohler und ausgeglichener.

Folgende Voraussetzungen müssen bei einem richtigen Stressgespräch gewährleistet sein, um das beste Ergebnis hinsichtlich der psychosomatischen Gesundheit erzielen zu können:

- Der Zuhörer soll in der Lage sein ruhig zuzuhören und Sie nicht während des Gesprächs ständig unterbrechen, kritisieren oder Ihnen Ratschläge erteilen.
- Der Zuhörer sollte eine Person sein, der Sie vertrauen.
- Sie sollten bei dem Gespräch bereit sein sich zu öffnen und *Ihre wahren Gefühle und Gedanken* dem Zuhörer mitzuteilen.
- Sie sollten beim Erzählen die richtigen Wörter, die gerade Ihnen durch den Kopf gehen, verwenden und *nicht diese kultivieren, zensieren oder verändern.*

Diese Methode kann auch dann zu unserem Wohlbefinden beitragen, wenn wir unter chronischen Stresssymptomen leiden oder wir das Gefühl haben, dass wir aus Gründen, die anscheinend nicht mit Überforderung/Stress zu tun haben, mit jemandem unterhalten möchten/müssen. Egal aus welchem Anlass und Grund, ob privat und/oder beruflich, wenn unser Körper und unsere Psyche unter Druck stehen und wir unter leichten oder schweren Stresssymptomen leiden, ist es die einfachste Methode zum Streßabbau sich mit einer anvertrauten Person zu unterhalten.

Neben den Vertrauenspersonen aus privatem und/oder beruflichem Umfeld, können auch Menschen in Frage kommen, die sich beruflich in diesen Bereichen gut auskennen und in dieser Richtung arbeiten. Die Anspruchnahme der professionellen Unterstützung ist jedoch in der Regel überflüssig, wenn Sie unter der Berücksichtigung der o.g. Vorraussetzungen mit jemandem über Ihre Gedanken, Sorgen und Probleme reden und solche Personen Ihnen in Ihrem privaten und/oder beruflichen Umfeld zur Verfügung stehen.

3.5. Sprechen Sie auf ein Tonband!

Sie können diese Methode für die Situationen aufbewahren, in denen Sie ein starkes Bedürfnis spüren mit jemandem über Ihre Gedanken, Sorgen, Probleme und Empfindungen zu reden, der aber Ihnen nicht zur Verfügung steht (siehe Punkt 3.4.). Es können auch Situationen in Betracht kommen, in denen Sie aus unterschiedlichen Gründen mit niemandem über die Gedanken und Probleme, die Sie beschäftigen und Sie überfordern, sprechen möchten. Hier gelten für das Erzielen der optimalen Ergebnisse hinsichtlich des Abbaus der angestauten negativen Emotionen ähnliche Voraussetzungen wie im Punkt 3.4 beschrieben, jedoch mit gewissen Unterschieden:

- Sie müssen versuchen, *soweit es möglich ist*, beim Sprechen auf Tonband Ihre Gedanken, Wortwahl und aufkommenden Emotionen weder zu unterdrücken oder zu zensieren, noch zu kultivieren oder zu verändern.

- Lassen Sie sich beim Sprechen Zeit und Ruhe und setzen Sie sich nicht unter Druck. Sie müssen NICHT auf jeden Fall ein Ergebnis erzielen. Hier ist der Weg (das Sprechen) das Ziel.

- Sie können nach dem Sprechen, sich das Gesprochene IRGENDWANN anhören oder nicht. Dies hängt alleine von Ihnen ab.

3.6. Schreiben Sie über Ihre Sorgen, Probleme und Gedanken!

Wenn man unter Stress steht oder unter Stresssymptomen/Beschwerden leidet, möchte man unbewusst, teilbewusst oder bewusst die psychosomatischen Anspannungen abbauen bzw. sich abreagieren. Dies kann man auch mit dem Schreiben tun. Durch das Schreiben und die freie Assoziation von Gedanken und Bedeutungen, die während des Schreibens entstehen, werden die negativen Emotionen und Anspannungen zum Teil abgebaut. Folgende Aspekte müssen beim Schreiben beachtet werden, um das beste Resultat zu erzielen:

- Fangen Sie mit dem Schreiben erst dann an, wenn Sie das Gefühl haben, dass Sie angespannt sind und/oder unter Druck stehen und/oder es Ihnen nicht gut geht.

- Bevor Sie mit dem Schreiben anfangen, sollen Sie darauf achten, dass Sie beim Schreiben nicht abgelenkt oder gestört werden, z.B. durch das Klingeln des Handys etc.

- Beim Schreiben achten Sie darauf, dass Sie frei schreiben und Ihre Gedanken und Emotionen nicht zensieren oder verändern/kultivieren.

- Beim Schreiben achten Sie nicht auf die Rechtsschreibung, Grammatik und Wortwahl.

- Schreiben Sie so lange, bis Sie es nicht mehr möchten. Anders formuliert, schreiben Sie ohne Zeitdruck.

Nach dem Schreiben unter Berücksichtigung der o.g. Punkte werden Sie feststellen, dass es Ihnen viel besser geht als vor dem Schreiben und Sie bereits schon beim Schreiben einige Lösungen in Umgang mit Stressoren gefunden haben. Sie können das Geschriebene irgendwann noch mal durchlesen oder auch nicht. Die Entscheidung müssen Sie selbst treffen. Manche können nach dem Lesen ihre Gedanken besser aussortieren und weitere Lösungsstrategien in Umgang mit Stress entwickeln. Dies ist aber nicht immer der Fall. Wenn Sie das Geschriebene nochmals lesen, besteht eventuell auch die Gefahr, dass Sie sich wieder an die negativen Emotionen und Gedanken erinnern und sich deshalb unwohl fühlen bzw. sich diesbezüglich aufregen und damit wieder dem Stress ausgesetzt sind. Dieser Fall kann auftreten, muss aber nicht, da Menschen sich bezüglich der psychischen Bodenbeschaffenheit sehr stark voneinander unterscheiden und eine 100%ige seriöse Prognose in diesem Zusammenhang nicht möglich ist.

3.7. Machen Sie Sport, steigern Sie Ihre körperlichen Aktivitäten!

Durch die Steigerung der körperlichen Aktivitäten werden einerseits die Stresshormone im Körper abgebaut und anderseits Glückshormone in Körper freigesetzt. Diese positiven Resultate stellen unser psychosomatisches Gleichgewicht …je nach der Intensität der Sportarten …wieder her. Demzufolge fühlen wir uns nach körperlichen Aktivitäten und dem Sport ausgeglichener, entspannter und zufriedener. Diese körperlichen Aktivitäten müssen jedoch uns nicht so stark überfordern, so dass wir aus unterschiedlichen Gründen eine gewisse Abneigung gegen diese Aktivitäten entwickeln. Um die negativen Auswirkungen auszuschließen und zum Zweck des Stressabbaus die besten Ergebnisse im Sinne des psychosomatischen Wohlbefindens zu erzielen, wird empfohlen auf die folgenden Punkte zu achten:

- ✓ Die körperlichen Aktivitäten, die Sie ausüben, müssen Ihnen Spaß machen.
- ✓ Diese Aktivitäten müssen körperlich anstrengend, jedoch zu bewältigen sein.
- ✓ Die körperlichen Aktivitäten können sowohl spontan als auch geplant und durchorganisiert praktiziert werden.
- ✓ Zu den körperlichen Aktivitäten, die zu einem schnellen Abbau der Stresshormone im Körper beitragen können, gehören unter anderem:
- ✓ Joggen bzw. Laufen
- ✓ Trainieren mit einem Sandsack und Boxen

- ✓ Gruppensportarten, wie Tennis, Fußball, Basketball, Handball etc.
- ✓ Alle Kampfsportarten
- ✓ Fitness und trainieren mit Gewichten
- ✓ Tanzen
- ✓ Sex
- ✓ Radfahren

Im Allgemeinen kann jede Art von körperlicher Aktivität zum psychosomatischen Wohlbefinden beitragen. Die Aktivitäten mit hohen körperlichen Belastungen haben jedoch den Vorteil, dass dadurch insbesondere die Beschwerden des situationsbedingten Stresses sofort behoben werden können. Beim chronischen Stress wird aber eine Kombination von schweren und leichten körperlichen Aktivitäten (wie z.B. Spazierengehen) empfohlen, damit der Körper sich auf einen kontinuierlichen Stressabbau einstellen kann.

3.8. Machen Sie alles langsamer!

Im zweiten Kapitel dieses Buches wurde der Zusammenhang zwischen dem Zeitdruck und dem Stress erläutert. Als Prävention und Interventionsmaßnahme gegen Stressbeschwerden muss man das Gegenteil tun, nämlich NICHT das Arbeitstempo steigern, sondern dies verlangsamen.

Um vorhandene Stressbeschwerden teilweise abzubauen und um Stresssymptomen und Stresssituationen vorzubeugen, versuchen Sie hin und wieder und so oft wie möglich, einen Gang runter zu schalten und Ihr Bewegungstempo/Arbeitstempo zu reduzieren. So geben Sie Ihrem Körper und Ihrer Psyche die Möglichkeit sich zu regenerieren und von dem Leistungs- und Zeitdruck, dem Sie als Individuum in den modernen Kulturgesellschaften permanent ausgesetzt sind, zu erholen (Abb. 9).

Diese Methode steht nicht im Widerspruch zu den körperlichen Aktivitäten, da sie *eher* präventiv wirkt. Hinzu kommt, dass die vorhandenen körperlichen Anspannungen *eher* langsamer abgebaut werden. Daher ist diese Methode für einen schnellen Abbau des situationsbedingten Stresses weniger geeignet. Wenn Sie diese jedoch regelmäßig einsetzen, ändert sich auch Ihre Wahrnehmung in dem Sinne, dass Sie die Situationen, Umgebungen, Menschen und Ihre eigenen Bedürfnisse besser und entspannter realisieren bzw. spüren können.

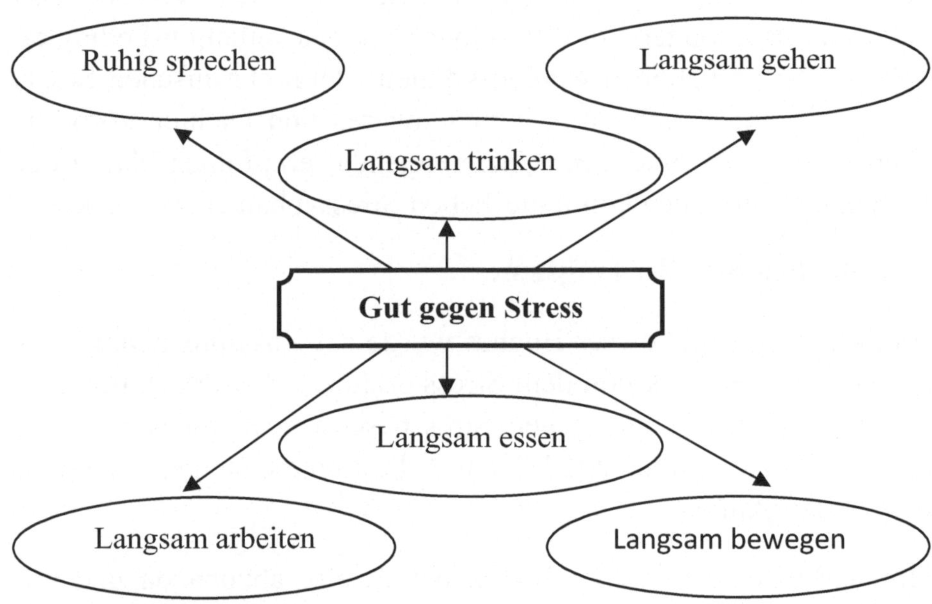

Abbild 9: Durch die Reduzierung unseres Bewegungs- und Handlungstempos sind wir in der Lage unsere psychosomatischen Anspannungen abzubauen.

Zur Vermeidung oder Entstehung von chronischen Stressbeschwerden wird daher empfohlen:

- Sich beim Essen und Trinken immer genügend Zeit lassen!
- Langsamer zu gehen, so oft und solange es möglich ist!
- Langsamer und mit gleicher Tonhöhe zu sprechen!
- Langsamer zu arbeiten, wenn und wann Sie es können!
- Die Bewegungs- und Reaktionszeiten zu verlangsamen, wann und wo es Ihnen möglich ist!

3.9. Erst das Eine und dann das Andere!

Viele Menschen haben entweder die Angewohnheit verschiedene Aufgaben gleichzeitig zu erledigen, oder werden aus privaten und/oder beruflichen Gründen dazu gedrängt sich so zu verhalten. Diese Art des Umgangs mit zu erledigenden Aufgaben/Arbeiten kann dazu führen, dass die Betroffenen, gewollt oder ungewollt, ständig unter Leistungs- und Zeitdruck stehen. Hier einige Beispiele:

Privat: Wenn eine Person sich gleichzeitig schminkt, telefoniert und versucht sich anzukleiden.

Beruflich: Wenn jemand während der Arbeit am Computer isst und gleichzeitig telefoniert.

Diese Angewohnheit bzw. Arbeitsweise hat unter anderem mit eigenen Erwartungen, Erwartungen der sozialen Umwelt und schlechtem Zeit- und Organisationsmanagement zu tun. Man möchte viele alltägliche Aufgaben, egal ob privat und/oder beruflich auf die Schnelle erledigen. Dies löst Stresssituationen aus, die wiederum die Entstehung der Stresssymptome/Beschwerden bei den Betroffenen begünstigen bzw. Stress bei ihnen auslösen. Um die gesundheitlichen Beeinträchtigungen, die durch das langfristige Praktizieren dieser Angewohnheit/Arbeitsweise entstehen, vorzubeugen oder zu reduzieren, muss man sich daran gewöhnen, so oft wie es geht, eine Aufgabe nach der anderen zu erledigen. Es ist dem Autor bewusst, dass vielen eine Umsetzung nicht leicht fallen wird. Für die Gewährleistung der psychosomatischen Gesundheit, muss man aber öfters □Kombihandlungen□vermeiden und sich nur auf eine Aufgabe/Tätigkeit konzentrieren. Hier ist auch die Mitarbeit der Arbeitgeber gefragt, in dem Sinne, dass sie die Arbeitsabläufe und Zuständigkeiten so organisieren/delegieren, dass die Mitarbeiter nicht systematisch und/oder situationsbedingt zu Kombihandlungen gedrängt werden.

3.10. Machen Sie kurze Pausen!

Egal ob privat oder beruflich ..Sie können diese Methode hin und wieder anwenden, um sich kurzfristig einerseits von Stressbeschwerden zu befreien und anderseits Ihrem Körper und Ihrer Psyche die Möglichkeit zu geben, sich zu erholen. Sie können diese Methode jederzeit und überall praktizieren: Wenn Sie unter Druck stehen und sich überfordert und/oder unwohl fühlen, machen Sie *spontan oder im Voraus geplant* eine kurze Pause (zwischen einer und fünfzehn Minuten) und versuchen Sie nicht an Ihre aktuellen Tätigkeiten oder Aufgaben zu denken. Hierbei können Sie nach Bedarf, Gelegenheit und persönlichem Interesse die verschiedenen

Atem- und Entspannungsübungen praktizieren, und/oder einfach die Augen schließen und versuchen an NICHTS zu denken. Anschließend können Sie wieder mit neuer Kraft und Energie sich auf Ihre zu erledigenden Aufgaben konzentrieren. Die kognitive Visualisierung der positiven Erinnerungen bei den kurzen Pausen kann situationsbedingt die positiven Wirkungen dieser Methode stärken.

3.11. Belohnen Sie sich, machen Sie das, was Ihnen wirklich Spaß macht!

Dies ist eine sehr gute Methode, die sowohl präventiv als auch interventiv gegen die psychosomatischen Stressbeschwerden wirkt (Abb. 10).

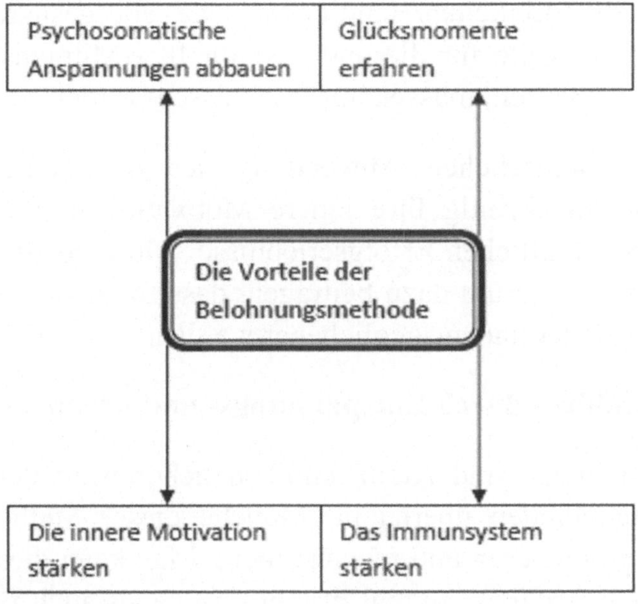

Abbildung 10: Die Belohnungsmethode wirkt sowohl positiv auf Ihre psychosomatische Gesundheit als auch auf Ihre Interaktionen Ihren Mitmenschen gegenüber.

Sich zu belohnen, bedeutet im Allgemeinen, dass Sie sich Entspannungs- und Erholungsphasen gönnen und/oder die Handlungen oder Tätigkeiten ausüben, die kurzfristig Glücksgefühle bei Ihnen hervorrufen oder Ihre Bedürfnisse unterschiedlicher Art befriedigen. Anders ausgedrückt, machen Sie das was Ihnen wirklich Spaß macht bzw. worauf Sie Lust haben.

Sie können sich entweder spontan belohnen oder dies im Voraus einplanen. Folgende Punkte müssen Sie dabei jedoch berücksichtigen:

- Im Allgemeinen sich und Ihren Mitmenschen und Ihrer Umwelt keinen Schaden zu zufügen.
- Tätigkeiten/Handlungen, die ein gesundheitliches Risiko für Sie und/oder für Ihre Mitmenschen darstellen, müssen ausgeschlossen werden.

Mit der kontinuierlichen Anwendung der Belohnungsmethode steigern Sie gleichzeitig Ihre innere Motivation und damit Ihre privaten und beruflichen Erfolgserlebnisse. Diese positiven Erlebnisse können wiederum dazu beitragen, dass Sie insgesamt glücklicher, zufriedener und ausgeglichener werden.

3.12. Stressabbau durch Entspannungs- und Atemtechniken!

Die Entspannungs- und Atemtechniken gehören zu den ältesten Stressabbaumethoden überhaupt. Manche dieser Methoden sind einfach zu praktizieren und manche nicht. Man kann diese Methoden ..je nach Bedarf ..sowohl für chronische als auch für spontane, situationsbedingte und interaktionsbedingte Stressbeschwerden verwenden. Darüber hinaus wirken diese Methoden präventiv gegen den Stress und helfen uns dabei das innere bzw. das psychosomatische Gleichgewicht wieder herzustellen oder zu erreichen. Zu den wichtigsten Entspannungs- und Atemtechniken gehören unter anderem:

- Meditation
- Tai-Chi
- Qigong
- Die unterschiedlichen Atemtechniken, darunter: Ruhiges und entspanntes Atmen, tiefes Ein- und Ausatmen etc.
- Visualisierungsmethode und Phantasieren
- Methoden der Körpertherapie
- Autogenes Training
- Progressive Muskelentspannung
- Yoga

Man kann die wichtigsten Vorteile der richtigen Anwendungen der Entspannungs- und Atemtechniken wie folgt zusammenfassen:

- Man kann durch diese Methoden im Allgemeinen die Funktion der Muskulatur, Nervensysteme und Körperorgane positiv beeinflussen.
- Die Stresshormone werden zum Teil oder gänzlich abgebaut.

- Es werden im Körper mehr Glückshormone freigesetzt, die gesundheitsfördernd wirken.

- Man kann durch das langsame und tiefe Einatmen und Ausatmen sich schnell und sofort beruhigen (eine Technik, die man insbesondere in Situationen verwenden kann, in denen man sehr aufgeregt oder wütend ist oder Angst hat).

- Wenn wir entspannt und ruhig atmen, können wir sowohl unsere Muskeln dadurch entspannen als auch die Funktion unsere Körperorgane positiv beeinflussen.

- Man kann diese Methoden fast überall anwenden, falls bestimmte Voraussetzungen erfüllt sind. Es gibt keine negativen Nebenwirkungen, wenn man die Entspannungs- und Atemtechniken richtig verwendet.

3.13. Es kommt auf das richtige Zeit- und Organisationsmanagement an!

Im zweiten Kapitel wurde der Zusammenhang zwischen dem Zeitdruck und schlechtem Organisationsmanagement hinsichtlich des Entstehens des Stresses erläutert. Hier beschäftigen wir uns nun mit dem richtigen Zeit- und Organisationsmanagement, das zur Prävention des situativen Stresses beträgt. Bei dieser Methode ist vor allem wichtig, dass man seine bevorstehenden privaten und beruflichen Termine/Aufgaben im Voraus plant und einkalkuliert, so dass man diese ohne Zeitdruck bewältigen kann. Und so können Sie vorgehen:

- ✓ Bitte machen Sie jeden Abend für den nächsten Tag und/oder die nächsten Tage einen Übersichtsplan, *wie* Sie Ihre kommenden Termine wahrnehmen und Ihre bevorstehenden Aufgaben bewältigen können. Dabei kalkulieren Sie Ihren Plan so, dass Sie zwischen den Terminen genügend Zeit haben sich zu erholen und demzufolge nicht unter Zeit- und Leistungsdruck stehen.

- ✓ Beim Erstellen des Plans lassen Sie sich die Option offen, dass Sie eventuell einige Termine verschieben oder gänzlich absagen, wenn diese nicht kurzfristig die höchste Priorität haben.

- ✓ Bei der Planung machen Sie sich auch darüber Gedanken, wie Sie sich verhalten würden in jener Situation, in der etwas nicht so läuft (Termine, Aufgaben), wie Sie es sich vorgestellt haben..

3.14. Entspannung für unterwegs, manchmal ist der Weg das Ziel!

Wir sind in unserem Alltag, ob aus privaten oder beruflichen Gründen, ob zu Fuß oder mit Auto, Bus, Bahn, Flugzeug usw. viel unterwegs, um Termine jeglicher Art wahr zu nehmen, sich mit Kollegen, Bekannten, Freunden und Familienangehörigen zu treffen, bestimmte Aufgaben oder Tätigkeiten zu erledigen usw. Es bedeutet, dass wir in unserem Leben auf dem Weg um unsere kurz- und langfristigen Ziele zu erreichen, genügend Zeit zur Verfügung haben, um uns mehr oder weniger zu entspannen, zum Teil Stress abzubauen und/oder vorzubeugen. Dies können wir realisieren, in dem wir versuchen z.B.:

- ❖ Unsere Mitmenschen zu beobachten (sich abzulenken).
- ❖ Unsere Umgebung aufmerksam zu begutachten (sich abzulenken).
- ❖ Durch Visualisierungsmethode uns positiv auf unsere kommenden Tätigkeiten und Begegnungen zu stimmen.
- ❖ Durch schnelle Entspannungstechniken uns abzureagieren!
- ❖ Die Musik hören, die wir mögen oder singen (ablenken, abreagieren)!

3.15. Suchen Sie sich neue Hobbys, die Sie erfüllen und/oder investieren Sie wieder mehr Zeit für Ihre alten Hobbys!

Unsere Hobbys und Freizeitbeschäftigungen können auf unser psychosomatisches Gleichgewicht positiv wirken und damit unsere subjektive Wahrnehmung hinsichtlich unseres Wohlbefindens beeinflussen. Wenn wir uns mit einer Tätigkeit befassen oder etwas unternehmen, sodass wir uns dabei gut fühlen und uns entspannen können, helfen wir damit unserem Körper einerseits die negativen Emotionen und körperlichen Anspannungen abzubauen und anderseits stärken wir gleichzeitig unser Immunsystem und damit unsere psychosomatische Gesundheit. Hobbys jeglicher Art, insbesondere diese, die wir sehr gerne und mit großer Freude ausüben, vermitteln uns mehr oder weniger unbewusst, teilbewusst oder bewusst Gefühle von Kontinuität, Beständigkeit, Normalität und Selbstbestimmung. Damit sind diese Hobbys sowohl gesundheitsfördernd als auch vorbeugend positiv gegen den Stress, in dem Sinne, dass unsere Toleranzgrenze gegen die aufkommenden Stressoren steigt. Daher vernachlässigen Sie Ihre Hobbys, die Sie nicht erfüllen oder versuchen Sie sich neue Beschäftigungen zu suchen, die Sie glücklich machen oder zufrieden stellen.

3.16. Gezielte Problemlösung durch Frontalmethode!

Es wurde im ersten Kapitel der Zusammenhang zwischen dem emotionalen Gedächtnis und der Assoziation von Gedanken und Bedeutungen bei der Entstehung des Stresses und der Ausschüttung der Stresshormone im Körper erläutert. Um die Funktion des emotionalen Gedächtnisses positiv zu beeinflussen und damit das Aufkommen der negativen Emotionen zu reduzieren bzw. zu vermeiden, beschäftigen wir uns nun mit der gezielten Problemlösung durch die Frontalmethode. Diese Methode basiert auf Ursachenanalyse und Prävention und Intervention der Stressoren. Bei dieser Methode wird versucht *gezielt* auf die Probleme, Fragen und ungeklärten Situationen und Interaktionen einzugehen und *Lösungen und Wege* aufzusuchen, um jene Probleme, Interaktionen, Situationen und Fragen, die bei uns schon Stress ausgelöst haben oder womöglich Stress auslösen werden, zu bearbeiten und/oder zu beheben. Diese Methode ist deshalb wirksam, weil aus evolutionspsychologischer Sicht unser Gehirn Lösungsstrategien benötigt, um uns bei angedrohten Gefahrsituationen zu schützen. Und solange wir keine Lösungen oder Antworten parat haben, wird unser Gehirn uns immer wieder auf Gefahrpotentiale hinweisen bzw. Alarmsignale im Körper auslösen, die mit Ausschüttung von Stresshormonen verbunden sind. Und wenn wir bezüglich unserer Fragen Antworten und hinsichtlich unserer Probleme Lösungen haben, die unser Gehirn überzeugt, dann wird es die Gefahrenpotentiale herunterstufen und uns nicht mehr stressen bzw. Stresssymptome im Körper auslösen. Gezielte Problemlösung durch Frontalmethode funktioniert wie folgend:

- Im ersten Schritt schreiben wir das Problem, das uns beschäftigt auf ein Blatt.
- Beim zweiten Schritt versuchen wir die Gefühle und Emotionen, die wir mit diesem Problem in Verbindung bringen, aufzuschreiben.
- Beim dritten Schritt sollen wir versuchen für unser Problem Lösungen zu finden und diese aufzuschreiben. Zum Beispiel Lösung A, B und C. Die Lösungen müssen so ausgedacht sein, dass die Erinnerung oder die Begegnung mit diesem Problem bei uns keine starken negativen Emotionen hervorrufen.
- Beim vierten Schritt schreiben Sie ihre möglichen positiven Gefühlen/Emotionen und Gedanken auf, wenn Sie diese Lösungen in die Praxis umsetzen würden.
- Beim letzten Schritt geht es darum, dass Sie Ihre Lösungen in die Praxis umsetzten.

3.17. Die Bedeutung der Haus- und Nutztiere beim Stressabbau!

Die Menschen haben immer im Verlauf ihrer Geschichte die Tiere, je nach Epoche und kulturspezifischer Bedeutung, für bestimmte Zwecke benutzt. Ob als Haus- oder Nutztiere oder als Götter bzw. Heiliges Wesen oder als Kampf- oder Reittiere usw. Bestimmte

Tierarten haben die Geschichte der Menschheit sehr stark geprägt. In den heutigen Kulturgesellschaften werden die Tiere überwiegend als Haus- oder Nutztiere gehalten und die Beziehung der Menschen zu den Tieren hat aufgrund der Veränderungen der gesellschaftlichen Strukturen, Werte und Normen qualitativ und quantitativ eine andere Dimension erreicht. Einige dieser Veränderungen kann man wie folgend zusammenfassen:

- Die Tiere werden gezielt in einem Gesamtkonzept parallel zu den anderen Therapiemöglichkeiten zur Bekämpfung der unterschiedlichen Krankheiten eingesetzt.

- Der Tierschutz spielt immer eine wichtige Rolle in den modernen Kulturgesellschaften.

- Viele Menschen sehen die Tiere nicht mehr als Fleischlieferanten und daher verzichten Sie bewusst auf den Verzehr vom Fleisch.

- Viele Menschen bevorzugen eher die Kommunikation mit den Tieren als mit ihren Mitmenschen.

- Für viele Menschen sind ihre Haustiere und deren Bedürfnisse wichtiger als die ihrer eigenen Bezugspersonen und/oder Mitmenschen.

Für die qualitativen und quantitativen Veränderungen der Beziehungen zwischen Menschen und Tieren, insbesondere zu den Haus- und Nutztieren, muss man unter anderem die Funktion der Tiere als Antistressoren, sowohl präventiv als auch interventiv in Betracht ziehen:

- Viele Menschen reden mit den Tieren und dabei werden die negativen Emotionen und Gedanken abgebaut.

- Viele Menschen haben Körperkontakt mit den Tieren, in dem Sinne, dass sie mit diesen kuscheln oder sie streicheln/küssen. Diese Art von Körperkontakt hat auch eine positive Wirkung gegen den Stress.

- Die Menschen bekommen von den Tieren Aufmerksamkeit, Zuneigung und Zärtlichkeit und dies wirkt ebenfalls positiv gegen den Stress.

- Viele Menschen kümmern Sie sich sehr intensiv um ihre Tiere und entwickeln dabei einerseits Glücksgefühle und andererseits vergessen sie ihre alltäglichen negativen Emotionen. Diese Art von Hingabe beeinflusst das psychosomatische Gleichgewicht positiv.

3.18. Das Lachen!

Lachen ist gesund und gehört zu den besten Antistressmethoden in der Geschichte der Menschheit. Das Bedürfnis zu Lachen ist eine angeborene Kompetenz, die in den meisten Kulturen als ein positives Kommunikationssignal, unbewusst, teilbewusst oder bewusst wahrgenommen wird. *Lachen Sie so oft und so lange Sie können.* Ob Sie alleine oder mit anderen zusammen lachen oder ob Sie spontan oder geplant sich in einer Lach-Gruppe mit anderen zusammenschließen, um NUR zu lachen. Ganz gleich aus welchem Anlass und Grund Sie lachen: Das Lachen an sich hilft Ihnen die Stressbeschwerden mehr oder weniger zu vergessen oder diese zu reduzieren/beheben und damit situationsbedingt das psychosomatische Gleichgewicht wieder herzustellen. Wenn Sie sich auf etwas (richtig) *freuen und lachen*, werden sowohl Glückshormone im Körper freigesetzt als auch die körperlichen Anspannungen abgebaut. Darüber hinaus hat das Lachen auch folgende positive Nebeneffekte:

- ✓ Wenn man lacht, werden die Atemwege mit viel Sauerstoff versorgt, so dass der Stoffwechsel und die Durchblutung der Körperorgane optimal gewährleistet sind.
- ✓ Lachen stärkt das Immunsystem insgesamt und damit ist es die beste Gesundheitsvorsorge.
- ✓ Lachen senkt den Blutdruck und das Herzinfarktrisiko!
- ✓ Lachen wirkt positiv gegen die Depressionen, bipolaren Störungen und körperlichen Schmerzen jeglicher Art!
- ✓ Menschen, die öfter lachen, empfinden subjektiv mehr Glückmomente im Leben und haben demzufolge auch *mehr* vom Leben.

<u>Eine Empfehlung für Arbeitgeber:</u>

Wenn die Menschen zusammen lachen, werden nicht nur die negativen Emotionen und inneren Anspannungen abgebaut, sondern auch der Zusammenhalt in der Gruppe gestärkt und die kollegiale Zusammenarbeit und die interpersonale Kommunikation positiv beeinflusst. Daher wird *das Lachen in der Gruppe* für ein besseres Arbeitsklima, für die Stärkung der inneren Motivation der Mitarbeiter und für die Steigerung der Produktivität empfohlen. Dies konnte auch in einem Lach-Raum geschehen, der speziell zu diesem Zweck konzipiert und eingerichtet worden ist.

3.19. Die Natur als Quelle der Entspannung!

Die Natur bietet uns eine unerschöpfliche Quelle der Entspannung an. Unser Körper braucht vor allem Ruhe, Bewegung, Ablenkung und viel Sauerstoff um den Stoffwechselkreislauf anzuregen, die Funktionen der Körperorgane optimal zu regulieren und die psychosomatischen Anspannungen und Überforderungen abzubauen. Das Ziel aller internen und externen Veränderungen und Interaktionen ist das Wiederherstellen des psychosomatischen Gleichgewichts. Die Natur ist in diesem Sinne eine sehr gute Quelle, die diesbezüglich vielen Individuen zur Verfügung steht. Es ist daher empfehlenswert viel Zeit in der freien Natur zu verbringen, um sich zu entspannen, abzureagieren und sowohl die Stressbeschwerden zu reduzieren als auch deren Entstehung vorzubeugen.

Alles, was Sie in der freien Natur unternehmen, ob Spazierengehen, sich sportlich aktiv zu betätigen, die Natur und die Landschaften in Freien nur beobachten etc. wirkt positiv gegen den Stress und ist gut für Ihre psychosomatische Gesundheit.

3.20. Musizieren, Tanzen, Singen und Schreien!

Musizieren: Das Spielen eines Musikinstrumentes hilft uns unsere Gedanken auszusortieren und unsere psychosomatischen Anspannungen abzubauen. Wenn wir musizieren, werden einerseits Glückshormone im Körper freigesetzt, anderseits werden die körperlichen und psychischen Anspannungen durch die Betätigung eines Musikinstrumentes zum großen Teil entladen. Diese positiven Resultate können im großen Umfang erst dann optimal erzielt werden, wenn man *freiwillig und nach Bedarf* musiziert.

Tanzen: Wir freuen uns intuitiv und subjektiv auf schöne Musik und Songs, in dem wir das Gehörte nachsingen und/oder uns bewegen bzw. tanzen. Die Fähigkeit positiv auf die Reize zu reagieren, die man *erfreulich und schön* findet, ist eine evolutionsbedingte Kompetenz, die man auch bei Tieren beobachten kann. Die Vorteile des Tanzens bezüglich des Stressabbaus kann man wie folgend beschreiben, wenn man sich freiwillig, spontan, situationsbedingt und intuitiv bewegt:

- ❖ Beim Tanzen hat der Körper die Möglichkeit durch Bewegungen die Stresshormone abzubauen.
- ❖ Beim Tanzen werden verschiedene Glückshormone freigesetzt.

Singen: Man kann ebenfalls durch das gewollte und/oder spontane Singen das psychosomatische Gleichgewicht erreichen. Dies kann man wie folgend erklären:

- ❖ Durch die Wortauswahl und die dadurch entstandene Assoziation und Interdependenz von Bedeutungen werden die unterdrückten und eventuell verdrängten Emotionen abgeladen und demzufolge fühlen wir uns nach dem □gewollten und freien□ Singen ausgeglichener und entspannter.
- ❖ Durch die Art des Singens (langsam, schnell, laut, leise, Veränderungen in Tonhöhen, Pausen etc), die wir gewollt kontrollieren, stärken wir zusätzlich den

Prozess der Entladung der angestauten Emotionen und Anspannungen.

- ❖ Beim gewollten und situationsbedingten Singen werden wie beim Musizieren und Tanzen im Körper Glückshormone freigesetzt, die dem Körper beim Abbau der Stresshormone unterstützen.

Schreien: Wenn wir uns sehr aufregen, wütend oder ängstlich sind oder wenn wir aus unterschiedlichen Gründen das Gefühl haben, dass wir unter starkem psychischen und/oder körperlichen Druck stehen, erheben wir intuitiv unsere Stimme. Wir werden lauter oder je nach Intensität der Emotionen und persönlicher Einstellung reagieren wir noch intensiver und schreien. Wir sprechen lauter oder schreien, weil wir dadurch unbewusst, teilbewusst oder bewusst unsere psychosomatischen Anspannungen abbauen können/wollen. Durch das Schreien werden die angestauten Emotionen, die unsere Psyche und unseren Körper in ihren Funktionen stark beeinträchtigen, entladen und nach außen getragen. Demzufolge fühlen wir uns viel besser, nach dem wir unsere psychosomatischen Anspannungen durch das laute Schreien abgebaut haben. Diese Art des Abbaus des Stresses ist jedoch sehr problematisch, da dies einerseits gesellschaftlich geächtet wird und anderseits man in der Regel mit negativen Reaktionen der betroffenen Individuen rechnen muss. Aus diesen Gründen wird empfohlen bei Bedarf sich einen Raum oder einen Platz auszusuchen, in dem man ungestört seine negativen Emotionen und psychosomatischen Anspannungen durch das laute Schreien abbauen kann.

<u>Ein Vorschlag für Arbeitgeber:</u>

Zum Zweck des Stressabbaus und für die Steigerung der Arbeitsleistung, das langfristige Einbinden und die persönliche Identifikation der Mitarbeiter mit der eigenen Firma wird das Einrichten von Räumlichkeiten zum Singen, Tanzen und Schreien empfohlen.

3.21. Absolute oder relative Ruhe!

Gönnen Sie sich Ruhezeiten und vermeiden Sie den Lärm der sozialen Umgebung, wenn Sie sich abreagieren und entspannen möchten. Die Ruhephasen fördern unser psychosomatisches Wohlbefinden und wirken sehr positiv sowohl präventiv als auch interventiv gegen den Stress und die Stressoren. Hier wird empfohlen sich einen ruhigen Raum oder eine Umgebung aufzusuchen, wo man sich ohne Zeitdruck entspannen kann. Je länger die Zeit der Entspannung, desto größer ist die positive Wirkung auf unsere psychosomatische Gesundheit. Die absoluten oder relativen Ruhephasen, die auch im Voraus eingeplant werden können, wirken situationsbedingt wie folgend:

- Der Körper kann sich auf den Abbau der Stresshormone konzentrieren.
- Die Nerven entspannen und beruhigen sich. Es werden deshalb weit weniger oder gar keine Stresshormone mehr in der Blutbahn freigesetzt.
- In den Situationen, in denen Sie sich in Ruhe entspannen, werden *situationsbedingt* im Körper verschiedene Glückshormone freigesetzt, die sowohl stresshemmend wirken als auch die Funktion der Körperorgane positiv beeinflussen.

Ein Tipp für die Arbeitgeber:

Für eine bessere Arbeitseffizienz und für die Förderung der psychosomatischen Gesundheit der Mitarbeiter wäre das Einrichten eines Ruheraums, in dem die Mitarbeiter der Firma sich entspannen und erholen können, zu empfehlen. Ein gesunder und zufriedener Mitarbeiter leistet nicht nur qualitativ eine bessere Arbeit, sondern identifiziert sich in der Regel mit Zielen seines Betriebes und zeigt auch mehr Einsatzbereitschaft für den Erfolg und die Produktivität des Betriebes.

3.22. Massage, Körperkontakt und Sex!

Die Massage jeglicher Art hilft dem Körper sich zu entspannen und die Stresshormone abzubauen. Jede Art von gewollten körperlichen Kontakten wie sich gegenseitig streicheln, küssen, umarmen oder festhalten etc. baut in der Regel die körperlichen und psychischen Anspannungen ab und trägt damit zu unserer psychosomatischen Gesundheit bei. Der □gute□ Sex gehört zu den besten Methoden um Stress abzubauen und das psychosomatische Gleichgewicht wiederherzustellen. Beim Sex werden einerseits durch die Erhöhung der körperlichen Aktivitäten die psychosomatischen Anspannungen abgebaut. Andererseits werden aufgrund des Glücksgefühls, das man beim (guten) Sex empfindet, verschiedene Glückhormone im Körper freigesetzt, die dazu beitragen, dass die Stresshormone im Körper abgebaut und für eine gewisse Zeit nicht mehr ausgeschüttet werden. Damit wirkt der Sex sowohl interventiv als auch präventiv positiv gegen den Stress. Sogar die Gedanken und Vorstellungen bezüglich der sexuellen Erfahrungen oder die Beobachtungen von Sexobjekten, erotischen Szenen und Situationen, die sexuelle Reize bei Individuen hervorrufen, *können* situationsbedingt zur Ausschüttung der Glückshormone im Körper beitragen und damit gesundheitsfördernd wirken.

Ein Tipp für die Arbeitgeber:

Lassen Sie (hin und wieder) Ihre Angestellten in einem separaten Raum von Fachpersonal gratis massieren. Dies ist eine gute Investition, da die Mitarbeiter dadurch den beruflich und/oder privat bedingten Stress abbauen und damit besser und effektiver sich auf ihre Arbeitsaufgaben konzentrieren können.

3.23. Das positive Denken!

Es wurde in den letzten Kapiteln ausführlich erläutert, dass die negativen Emotionen, die durch unterschiedliche Ursachen ausgelöst bzw. entstehen, die Menschen überfordern und damit psychosomatische Stressbeschwerden bei ihnen sowohl situationsbedingt als auch chronisch verursachen können. Eine Methode, um die negativen Gedanken und Emotionen vorzubeugen, ist die Probleme, Konflikte (interne oder externe) und Auseinandersetzungen als eine positive Herausforderung zu betrachten und nicht als negativ und/oder bedrohlich zu interpretieren: Die Probleme können gelöst werden, die Konflikte können bewältigt werden und wir können die Auseinandersetzungen gerne annehmen und diese als eine Bereicherung für unser Leben betrachten. Durch die Veränderung unserer Sichtweise, in dem wir die schwierigen und problematischen Situationen und Interaktionen nicht als negative, sondern als positive Erfahrungen betrachten, keine Angst vor Herausforderungen haben und die Probleme annehmen und anpacken, verhindern wir das Aufkommen und die Entstehung der psychosomatischen Überforderungen bzw. des Stresses. Darüber hinaus kann die Art des positiven Denkens unser Selbstvertrauen und unsere innere Motivation stärken und damit positiv unsere privaten und beruflichen Interaktionen beeinflussen.

Über den Autor

Rasoul Tanghatar (M.A.) hat an der Universität Hannover Sozialpsychologie und Pädagogik studiert. Zu den Kompetenzbereichen des Autors gehören unter anderem: Kommunikationspsychologie, Stresspsychologie, Motivationspsychologie, Erziehungsberatung, soziokulturelle Aspekte der Verhaltensauffälligkeit und Gewalt, Sozialtraining und Prüfungsangst. Er arbeitet im Bildungs- und Sozialwesen.

Mein Partner flirtet heftig im Job oder Freundeskreis. Was tun?

Prof. Dr. Ulrich Beer. **Eifersucht**
Schutzschild der Liebe

54 S., Bd. 3, ISBN 978-3-86226-077-5, **€ 5,80**
eBook: ISBN 978-3-86226-099-7, **€ 4,99**

Wird ein Kind immer automatisch bevorzugt?

Prof. Dr. Ulrich Beer. **Geschwisterbeziehungen**

54 S., Bd. 6, ISBN 978-3-86226-085-0, **€ 5,80**
eBook: ISBN 978-3-86226-112-3, **€ 4,99**

Das Kind scheitert an der Rechtschreibung. Wie helfen?

Prof. Dr. Burkhart Fischer. **Legasthenie**
Neurobiologische Ursachen finden. Lernerfolge ermöglichen.

56 S., Bd. 9, ISBN 978-3-86226-089-8, **€ 5,80**
eBook: ISBN 978-3-86226-104-8, **€ 4,99**

Wie werde ich Millionär – ohne Millionen?

Christoph Lau, Ludwig Kramer. **Lottoglück**

56 S., Bd. 10, ISBN 978-3-86226-082-9, **€ 5,80**
eBook: ISBN 978-3-86226-105-5, **€ 4,99**

Eine Frau wird in der U-Bahn bedroht. Soll und kann ich helfen?

Prof. Dr. Ulrich Beer. **Zivilcourage**

40 S., Bd. 12, ISBN 978-3-86226-079-9, **€ 5,80**
eBook: ISBN 978-3-86226-103-1, **€ 4,99**

Ich mag Pizza alla napoletana. Du auch?
Was sagt dies über uns aus?

Dr. Elke Regina Maurer. **Esskultur**

ca. 50 S., Bd. 13, ISBN 978-3-86226-128-4, **€ 5,80**
eBook: ISBN 978-3-86226-156-7, € **4,99**

Leseproben, Informationen und weitere Titel unter
www.centaurus-verlag.de

Jede/r soll die gleichen Rechte haben. Warum ist dies in der Praxis so schwierig?

Prof. Dr. Albert Scherr. **Diskriminierung**

ca. 50 S., Bd. 14, ISBN 978-3-86226-129-1, **€ 5,80**
eBook: ISBN 978-3-86226-157-4, **€ 4,99**

Wie werde ich eine freie und selbstbestimmte Person?

Prof. Dr. Heiner Keupp. **Freiheit & Selbstbestimmung**

56 S., Bd. 15, ISBN 978-3-86226-130-7, **€ 5,80**
eBook: ISBN 978-3-86226-158-1, **€ 4,99**

Jugendgewalt – ist Konfrontative Pädagogik eine Lösung?

Prof. Dr. Ahmet Toprak. **Konfrontative Pädagogik**
Intervention durch Konfronatation

56 S., Bd. 16, ISBN 978-3-86226-131-4, **€ 5,80**
eBook: ISBN 978-3-86226-159-8, **€ 4,99**

Was hat Globalisierung mit Geschlechterverhältnissen zu tun?

Dr. Teherani-Kröner. **Gender & Globalisierung**
Im ländlichen Raum

ca. 50 S., Bd. 17, ISBN 978-3-86226-132-1, **€ 5,80**
eBook: ISBN 978-3-86226-160-4, **€ 4,99**

Das Ich braucht das Wir. Wie helfe ich mir am besten?

Prof. Dr. Heiner Keupp. **Selbstsorge**

54 S., Bd. 18, ISBN 978-3-86226-133-8, **€ 5,80**
eBook: ISBN 978-3-86226-161-1, **€ 4,99**

Was löst Stress aus und wie damit umgehen?

Rasoul Tanghatar. **Stress**
Psychosomatisches Wohlbefinden erlangen

70 S., Bd. 19, ISBN 978-3-86226-147-5, **€ 5,80**
eBook: ISBN 978-3-86226-162-8, **€ 4,99**

Leseproben, Informationen und weitere Titel unter
www.centaurus-verlag.de